経済評論家

渡邉哲也

Tetsuya Watanabe

トランプ勝利なら再編する新世界の正体

日本はこうなる

徳間書店

トランプ勝利なら再編する新世界の正体

日本はこうなる

はじめに

2024年7月13日　午後6時15分（日本時間14日　午前7時15分）頃、演説中のトランプ氏に向けて放たれた一発の銃弾は、その後の世界を変えた。一命を取り留めたトランプ氏は直後に拳を高々と掲げた。

それは奇跡を描写した宗教画のようでもあり、トランプ氏が2024年大統領選で掲げる「強いアメリカ」そのものだった。「もしトラ」から「かくトラ」へとステージが移行した瞬間である。

対抗馬だった民主党、ジョー・バイデン大統領は認知症の問題が露見し、撤退圧力がピークに達していた。アメリカ大統領選に必要なのは「資金」だが、そのスポンサーが続々と支援打ち切りを表明する事態になったのである。

銃撃事件から約1週間後の2024年7月21日、バイデン大統領は撤退を表明。後任に指名したのが副大統領のカマラ・ハリス氏である。

当選1回のハリス氏が副大統領に指名された理由は、2020年大統領選挙で「トランプ打倒」を果たすという目的だけだった。実務能力は極めて低く、ほとんどのメディアがハリス氏を否定的に取り上げてきたのが実情だ。

ところが大統領選に出馬を表明するや一転、今度は褒めそやすようになっている。そのおかげで「カマラ・ハリス有利」という一面的な情報が日本に流布されるようになった。

そこでバイデン大統領撤退の内幕から、「カマラ・ハリス」の実像を詳説することにした。アメリカ大統領選は副大統領との「セット」なのだが、ハリス氏が指名したティム・ワルツ氏の経歴を精査するとわかることがある。

2024年大統領選においてアメリカ民主党が極左グループに事実上乗っ取られてしまったということだ。民主党主流派のバラク・オバマ氏らが素直に協力を続けるとは考えられない。

そもそもバイデン政権の外交は失敗の連続でウクライナ、イスラエルと世界中に戦火を拡大させたのだ。資本主義の仕組み、市場の原理をまったく無視したハリス氏が大統領になった後の世界を想像するだけで背筋が凍る思いである。

日本も無傷ではいられないだろう。

リベラルメディアが大合唱する「カマラ・ハリス有利説」を検証し、選挙の情勢を分析した。最終勝利者を予言することはできないが、内政と外交の両面を合理的に考えていけばトランプ氏の勝ち目の方が高いことが導き出せる。

そこで検証したいのが、なぜトランプ氏は日本では知名度がないＪ・Ｄ・バンス氏を指名したのかである。トランプ氏は共和党候補に指名された時、２０２４年大統領選について、

「アメリカの半分で勝つのではなく全体で勝つ」

と公言している。「全体で勝つ」ために必要なのがバンス氏であり、その後の世界再編に必要なのもバンス氏ということだ。

次期トランプ政権が目標として掲げているのは２０００年以降支配的になった「リベラル的価値観」からの転換である。グローバリズムを脱却して、アメリカを中心としたインターナショナル構造を構築するということだ。同盟国である日本は当然のことながら、アジアの代表として期待されている。

その一歩が「国境の明確化」だ、就任直後に即時にとりかかる未曽有の移民対策は、そ

の一環である。その上でトランプ氏は「脱ＳＤＧｓ社会」の実現を目指す。

ウクライナ侵攻、資源・エネルギー価格高騰によるインフレなど「持続可能社会の実現」が社会の持続を不可能にする事実が露見した。

特にイデオロギー面ではアメリカ国内で劇的な転換が行われるだろう。いわゆるキャンセルカルチャー駆逐のために、教育の現場から抜本的改革を行う。

トランプ主義を土台にした行政改革の対象範囲は多岐にわたる。そのために必要不可欠なのは大統領権限の拡大だ。犯罪者の人権さえ過度に認める「多様性社会」の歪みを修正。ロナルド・レーガン以来の「強い大統領」になることで「ドル」を絶対不動の「基軸通貨」とする。

日本では報じられることのないトランプ氏が掲げる政策を紹介し、綿密に精査すると見えてくるのが「世界全体の安定」である。

私たち日本人にとって最も知りたいのが「トランプ時代の日本」がどうなるのかという点だろう。

日本は中国、ロシア、北朝鮮という「価値観の違う3つの核保有国家」に囲まれている、地球儀上でも比較する相手がいないほど危険な場所に位置している。コストを重要視するトランプ氏の安全保障政策から導き出せる中長期的な戦術は「核保有」である。

さらに資源・エネルギー貧国の日本にあって「エネルギー安全保障」は最重要課題の一つだ。脱コロナ禍、ロシアのウクライナ侵攻、そしてグリーン投資の拡大によって危機に瀕しているエネルギー安全保障が、トランプ時代にどうなるのかを考察した。

その上で考えなければならないのが日本経済の近未来である。対中国とのデカップリングが「加速」を超えて「急速」、あるいは「即時分断」に進む可能性は高い。すでに半導体業界では「トランプ時代」を見据えて対応を迫られているのだ。

実は次期トランプ時代は日本にとって戦後体制からの脱出であるとも言える。正しい脱出のために必要なのは政治の力で、正しい政治を選ぶのは皆さんだ。本書を読んで理解を深めることが、日本の豊かな未来創造の一助になることを願ってやまない。

経済評論家　**渡邉哲也**

CONTENTS

目次

★★★★★★★★★

第1章

一発の銃弾が世界を変えた

CONTENTS

★★★★★★★★★

第2章 極左に支配された米民主党

CONTENTS

★★★★★★★★★

第3章

ザ・シビルウォー2.0

★★★★★★★★★

第4章 脱SDGs社会の実現

CONTENTS

★★★★★★★★★

第5章

反「キャンセルカルチャー」

★★★★★★★★★

第6章 トランプ時代の日本はこうなる

CONTENTS

第1章

一発の銃弾が世界を変えた

一発の銃弾が歴史を変えた

その日、ドナルド・トランプ前大統領は米ペンシルベニア州バトラーで開催された集会で、演説を行っていた。バトラーは、同州主要都市ピッツバーグから北東に約50キロに位置。バトラーの北側には五大湖の一つエリー湖があり、北西部にはクリーブランド、そして自動車工場の街で知られたデトロイトがある（次ページ図「トランプ氏狙撃未遂事件の現場概略図」上図参照）。

すなわち白人労働者が多く住む工業地帯で、中国からの輸入品増加によって「ラストベルト（錆ついた工業地帯）」と呼ばれるようになった地域だ。

2016年大統領選にトランプ氏が勝利した大きな要因の一つがラストベルトで大きな支持を集めたからである。ペンシルバニアは、後に説明するスイングステート（激戦州）の一つで、トランプ氏は積極的に2024年大統領選の選挙活動を行っていた。

演説中のトランプ氏を一発の銃弾が襲ったのは現地時間、2024年7月13日　午後6時15分（日本時間14日　午前7時15分）頃のことだった。

トランプ氏狙撃未遂事件の現場概略図

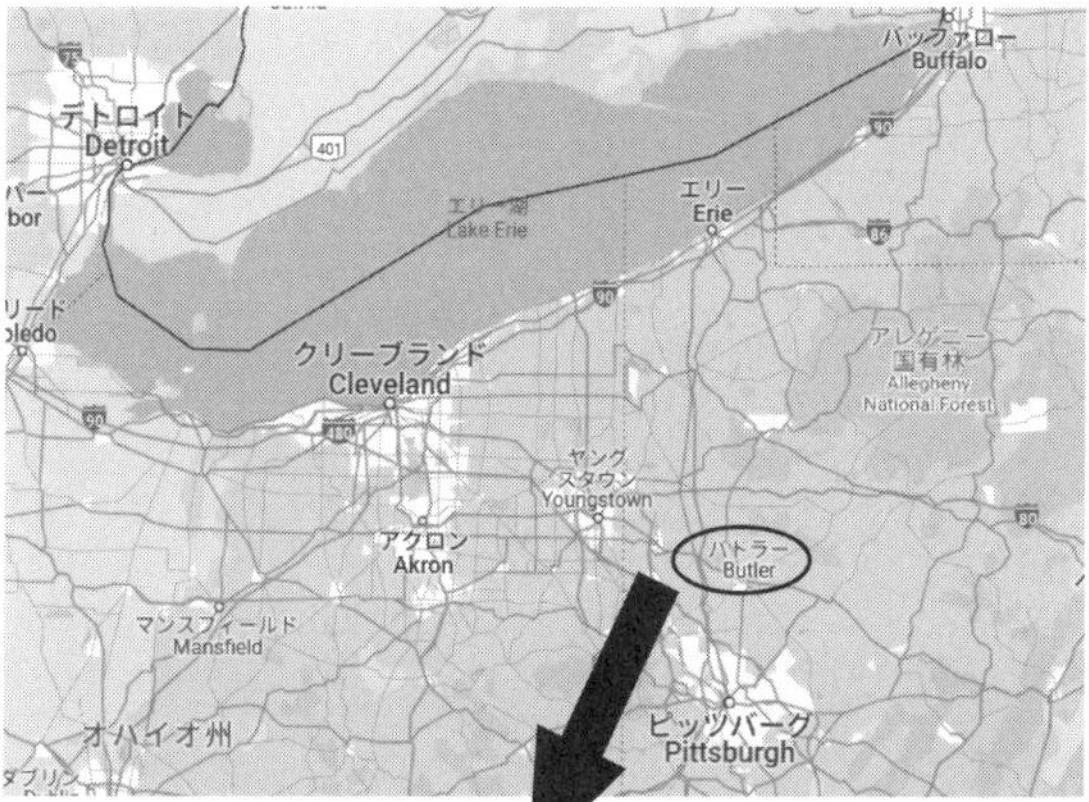

(Google Mapを基に作成)

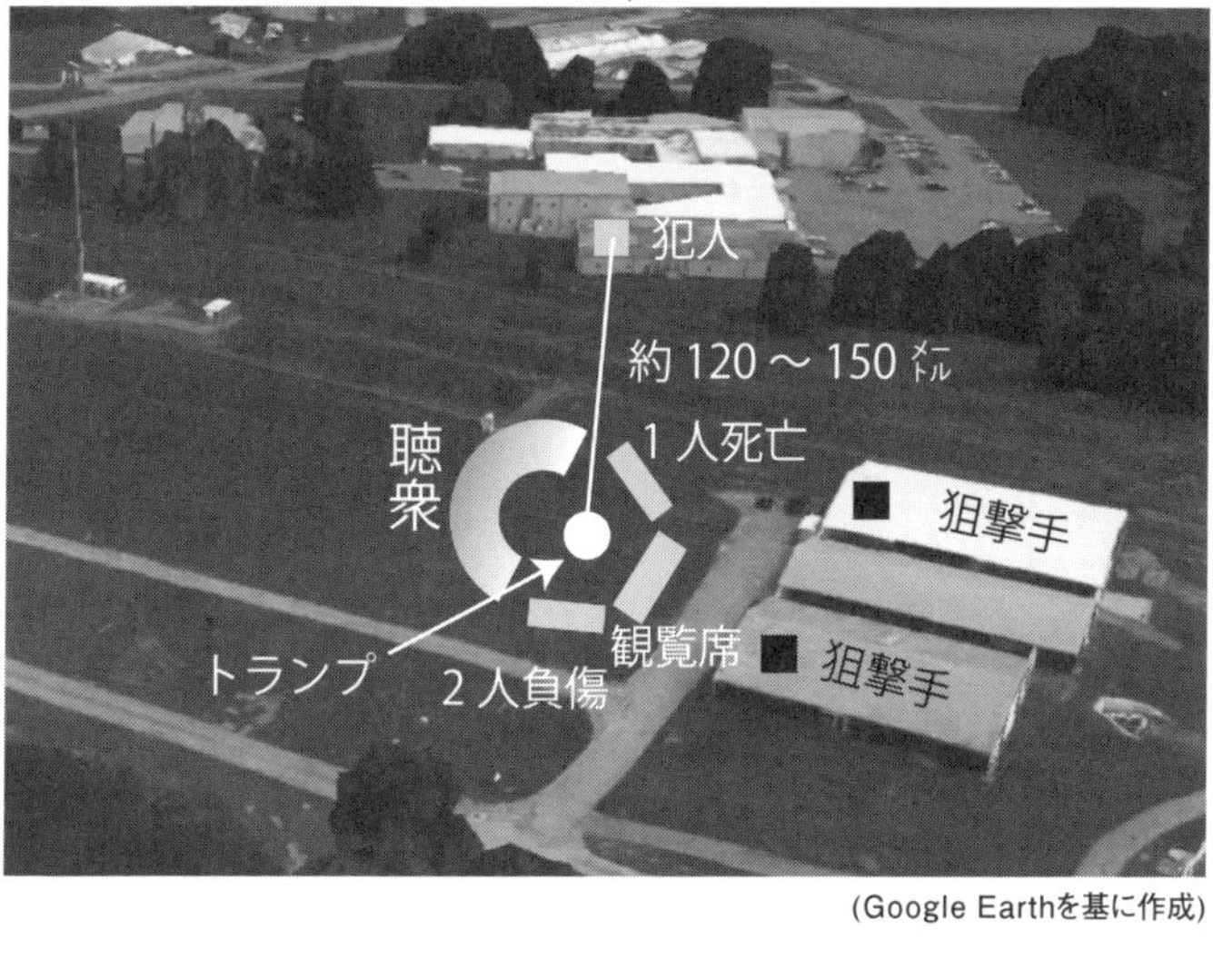

(Google Earthを基に作成)

犯人は会場から約120〜150メートルほど離れた建物の屋根上から、トランプ氏に向けて約2秒の間に数発発砲。聴衆の1人が死亡し、2人が負傷した（前ページ「トランプ氏狙撃未遂事件の現場概略図」下図参照）。

トランプ氏は偶然、振り向いたことで凶弾が致命傷を与えることなく右耳を貫通するに留まる。警備側はカウンタースナイプによって犯人を射殺。流血しながらシークレットサービスに支えられ立ち上がったトランプ氏は、右拳を高々と天に向けて突き上げた。ピューリッツァー賞受賞のフォトジャーナリストでAP通信社のエヴァン・ヴッチ氏による、星条旗を背景に、狙撃から生還した直後の力強いポーズの写真は、またたくまに全米、そして世界へと配信された。

まさにトランプ氏の主張する「強いアメリカ」の体現であり、死から復活した奇跡の体現のようにも伝わった。この瞬間、2024年大統領選でトランプ氏優勢が確定的となり、対抗馬だった現職、ジョー・バイデン大統領の撤退圧力が強まっていったのである。

4年ごとに行われるアメリカ大統領選は、投票が終了したその日から、次の大統領選に向かってスタートするのが常だ。2020年大統領選で敗北したトランプ氏は、4年間、全米中を駆け回り続けた。選挙活動のギアが一段上がるのが2024年1月からの、共和党が候補を選ぶ予備選開始である。トランプ氏は、その予備選で圧勝し、ライバル不在の状況で指名が行われる同年7月を待っていた。

対する民主党予備選ではバイデン氏の一本化が確定的で、両者は2024年6月28日午前10時から4年ぶりにテレビ討論会でぶつかり合う。

このテレビ討論会が勝敗の潮目になったのである。

麻生氏「二股外交」の深層

このテレビ討論会に先駆けて、能動的に日米外交を進めたのが自民党副総裁、麻生太郎氏だ。2024年4月24日、ニューヨーク・マンハッタンの中心部にある「トランプタワー」を訪れトランプ氏と通訳抜きで会談した。

2人は安倍晋三元総理亡き後の日米関係を模索。大統領選の真っ最中であることから30分の予定であった会談は、1時間15分に及ぶものとなった。安全保障や経済の分野を始めとする日米関係、国際情勢などについて意見を交わしたのである。

トランプ氏には亡くなった安倍元総理への心遣いがあり、「LOVE JAPAN」を繰り返し述べた。

両者の会談は現職の民主党、バイデン大統領にとって面白くない「二股外交」である。上川陽子外務大臣は関与していないことを公言したので、麻生氏が「個人の立場、関係」として外交を行ったという建て付けだ。

背景にあるのは外交パイプである。岸田政権はバイデン大統領との関係を重視し、民主党に強いパイプを持つ上川氏を外務大臣に起用した。トランプ氏に政権が交代した時、それがネックになる可能性がある。

そこで、「二股外交」を行って「トランプ時代」にいち早く備えたということだ。この外交戦略の正しさが証明されたのがテレビ討論会である。

討論会の大きな焦点がトランプ氏、バイデン氏の「年齢」だった。１９４６年６月14日生まれのトランプ氏は、討論会時点で78歳。対するバイデン氏は、１９４２年11月20日で81歳である。

バイデン氏には深刻な認知症の疑いが都度、指摘されていたが、テレビ討論会では疑惑から確信に至る事態となった。まばたきしない、フリーズする、意味不明の言葉を発するなど、明らかに正常とはほど遠い健康状態であることが周知されてしまったのだ。またバイデン氏は、トランプ氏が求める認知テスト、薬物テストを拒否しており、健康不安が再確認された。

この討論会は、どうみても認知症の症状が進んでいるとしか思えない視聴者が大勢を占める結果となったのである。2020年の選挙でも認知症が疑われる言動などが見受けられたが、コロナ禍でのリモート選挙運動が中心であったため露見を免れた。しかし、テレビ討論会はライブで、ごまかしは通用しない。

バイデンが〝老い〟を見せたのに対して、年齢、健康面において健全であることを示したトランプ氏が優勢となったのだ。この流れを決定的にしたのが、暗殺未遂事件である。

対してテレビ討論の惨敗を受けて、バイデン陣営に最も大きなダメージを与えたのは「選挙資金」だった。この意味を理解するためにはアメリカ大統領選挙とおカネの関係を理解しなければならない。

大統領選挙とカネ

前述したようにアメリカ大統領の任期は4年である。大統領が決まると次の4年に向けて大統領選がスタートするということだ。

広大なアメリカを4年間、駆け回り続けるのだ。スタッフの人件費、全米各地で集会を開催するための運営費や交通費、選挙戦略立案のための調査費用など莫大な費用がかかることは自明の理である。

中でも支出の大きな部分を占めるのがメディア戦略だ。以前はテレビ広告だけでよかったのだが、インターネットの急速な普及によってＳＮＳを含めた宣伝媒体は格段に増え続けている。

２０１６年大統領選の両陣営の資金支出額合計は24億ドル。対して２０２０年は2倍にあたる合計57億ドル（約８２７４億円）となっている。このうち、２０２０年大統領選挙における各選挙陣営のメディア費用はバイデン氏79・３％に対して、トランプ氏が68・４％なのだから、どれほど巨額の「カネ」が動くのか――。

アメリカ大統領選挙と「おカネ」の関係は伝統的なものだ。第25代アメリカ大統領、ウィリアム・マッキンリーを当選に導いたオハイオ州の上院議員、マーク・ハンナ氏は、「政治には2つ大切なものがある。１つ目はお金。２つ目が何だったかは思い出せない」と残している。

大統領選を「カネ」が支配しているとすれば収賄や汚職が常態化しているのではないかと思う人も多いのではないか。「政治資金規正法のようなものがアメリカにはないのか」という疑問を持つと思うが、実際に、

「大統領選の選挙運動に限定して、規制はなくなった」

のである。

政治をカネが腐敗させるということで、アメリカでも企業、団体、組合などが政党や政治家に直接献金を行うことは禁止されている。そこで（政治活動委員会）という政治資金団体を設立して企業の役員や大口個人株主などの「個人」から資金を集めそれを献金する仕組みができあがった。

それでも個人献金には制限がある。

ところが2014年の裁判で、支持する候補者や政党と直接協力関係にない政治活動であれば献金額に限度を設けてはならないとの命令が下された。その時の法的根拠となったのが言論の自由を認める権利章典第一条である。

そこで候補者から独立した「スーパーPAC（特別政治活動委員会）」を通じて無制限に資金を集めることができるようになったのである。スーパーPACはテレビCMなどを

アメリカ選挙とマネー

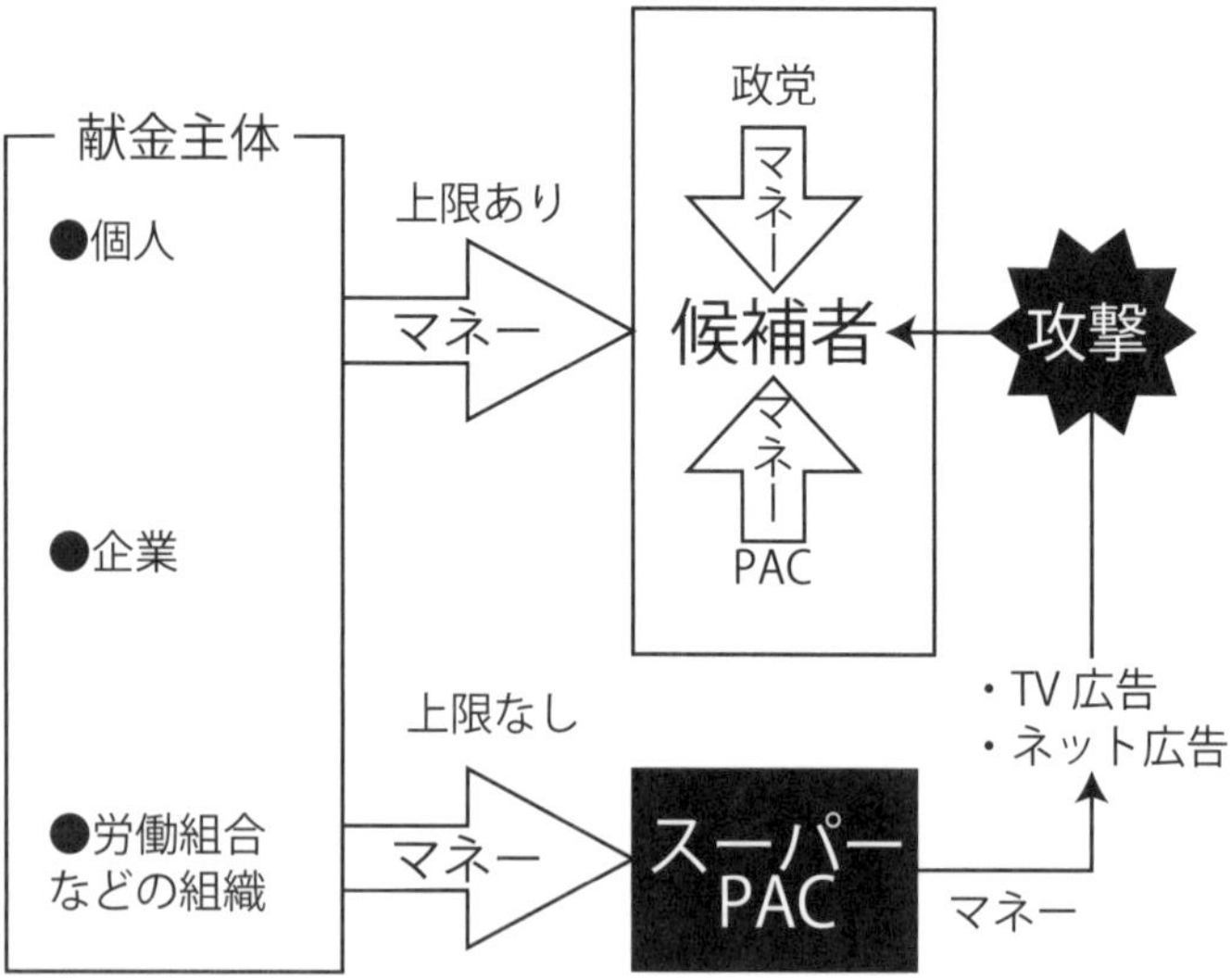
献金主体
●個人
●企業
●労働組合
などの組織
上限あり
マネー
上限なし
マネー
政党
マネー
候補者
マネー
PAC
スーパー
PAC
マネー
攻撃
・TV 広告
・ネット広告

利用して対立候補にネガティブなど様々なキャンペーンを行っている。

やや理解しがたいと思うので、上述したことを図式にまとめたのが、前ページ図「アメリカ選挙とマネー」だ。

385億円をメディア戦略に投じる

「無制限」がどれほど巨額の資金を集めることになるか――2024年大統領選においてバイデン陣営最大のスーパーPAC「フューチャー・フォワード」は、8月開催の民主党大会の後、テレビやネット広告に2億5000万ドル（約385億円！）を投じてキャンペーンを行うことを発表していた。

アメリカ大統領選において必要な資金は日本円にして3000～4000億円と言われている。巨額資金の大部分が制限のないスーパーPACで、献金者は一度に支払うこともできれば、定期的に支払うサブスクモデルになっているパターンもある。

2020年選挙ではコロナ禍対応に忙殺されたトランプ陣営が選挙資金を集めることに集中できなかった。対抗馬の民主党側は党内の極左勢力を取り込むことで一体化を計る。

そうして潤沢な選挙資金を集めることに成功し、「カネ」のパワーも大きく寄与して選挙に勝利したのである。

民主党において「集金」を最も得意としている人物の1人が制御不能の駐日大使、ラーム・エマニュエル氏だ。ビル・クリントン元大統領の大統領選でユダヤ人富裕層から資金を集めワシントンでのキャリアをスタート。その資金収拾能力は、そのまま妻のヒラリー・クリントン氏に継承され民主党内での地位を上げていった。

余談だが、このクリントンの系譜が上川陽子外相のアメリカ民主党パイプとされている。実際に2023年10月にはヒラリー氏、ラーム氏が上川氏を駐日アメリカ大使館に招いて三者会談が行われた。

テレビ討論会の結果、バイデン氏に対する2024年大統領選挙に向けた献金がほぼ止まる事態となった。それどころか、凍結を宣言する大口支援者が出てしまったのである。入り口が止まったことでトランプ氏暗殺未遂事件当時は、当座に残ったおカネは150億円程度とされている。バイデン大統領はもう大統領選を戦えない状態にあったのだ。

暗殺未遂事件から約1週間後の2024年7月21日、バイデン大統領は、長文の手紙を自らのXアカウントでポスト（次ページ図「バイデン氏撤退」）。その中で、

第 **1** 章

一発の銃弾が世界を変えた

Joseph R. Biden, Jr.

July 21, 2024

My Fellow Americans,

Over the past three and a half years, we have made great progress as a Nation.

Today, America has the strongest economy in the world. We've made historic investments in rebuilding our Nation, in lowering prescription drug costs for seniors, and in expanding affordable health care to a record number of Americans. We've provided critically needed care to a million veterans exposed to toxic substances. Passed the first gun safety law in 30 years. Appointed the first African American woman to the Supreme Court. And passed the most significant climate legislation in the history of the world. America has never been better positioned to lead than we are today.

I know none of this could have been done without you, the American people. Together, we overcame a once in a century pandemic and the worst economic crisis since the Great Depression. We've protected and preserved our Democracy. And we've revitalized and strengthened our alliances around the world.

It has been the greatest honor of my life to serve as your President. And while it has been my intention to seek reelection, I believe it is in the best interest of my party and the country for me to stand down and to focus solely on fulfilling my duties as President for the remainder of my term.

I will speak to the Nation later this week in more detail about my decision.

For now, let me express my deepest gratitude to all those who have worked so hard to see me reelected. I want to thank Vice President Kamala Harris for being an extraordinary partner in all this work. And let me express my heartfelt appreciation to the American people for the faith and trust you have placed in me.

I believe today what I always have: that there is nothing America can't do – when we do it together. We just have to remember we are the United States of America.

「皆さんの大統領として務めることは、私の人生において最大の栄誉でした。そして私は再選を目指すつもりでいましたが、私が退き、残る任期にかけて大統領としての職務を全うすることのみに注力することが、私の党と国の利益にとって最善だと考えます」

と撤退を表明した。さらに同日、バイデン大統領はカマラ・ハリス氏を次期大統領選候補として推薦したのである。

「民主」の意味

一連の撤退劇でバイデン大統領の国民向け演説が「大統領執務室」での録画で行われたこと、また、本人ではなくジル夫人による直筆の手紙を公開というところには多くの闇を感じざるを得ない。

記者による質疑応答もなく、家族とともにという状況が最大限のイメージ戦略だった。国民のため、「民主主義を守る」ため次世代にバトンタッチということだが、単に民主党を守るためでしかなく、金が集まらず、このままでは選挙を戦えなかったということでしかない。

日本でも同様だが「民主」という言葉は、使う人により意味が異なる。共産主義者の民主は「民の主」であり、「共産党が民を主導する」という「民主集中制」だ。また社会主義者の民主主義は話し合いを意味する。一般的な民主主義は多数決原則となる。

アメリカにおいては民主党と共和党の予備選挙などにも、この傾向が表れている。民主党は党員集会での話し合いが基本であり、選挙による投票を好まない。党員集会では支持する候補を選んでグループを作り、下位のグループを解散、上位のグループに加わることで、最も大きなグループを作ったものが勝者となる。

それに対して、共和党は選挙による投票を基本としている。

特にCNNを代表とするアメリカのリベラルメディアは、「バイデン早く辞めろキャンペーン」を拡大してきた。ところが大統領選出馬辞退を公表した瞬間、手のひらを返し、自ら勇退を決めた偉大なる大統領とほめたたえているのだ。

共和党は、メディアや民主党幹部は大統領の健康状態を知っていたのではないかと追及しているが、メディア側も共和党側も「認知症を知っていた」という点について口をつぐんでいる。

当然のことながら、知らないはずがない。

大統領選を辞退したとはいえ、目下の問題は、大統領を任期まで務められるかだ。大統領候補から降りたことで「バイデン大統領」自体のレームダック化は確実となった。

今後、メディアへの露出は極端に減っていくだろう。

代わってカマラ・ハリス氏の露出を増やすことになるのだが、副大統領は副大統領でしかなく、次の大統領になる可能性が低ければ誰も相手にしない。

それがカマラ・ハリス氏出馬決定直後からのCNNを中心とした異様な「当確キャンペーン」の裏側の事情だ。

ウルトラCがバイデン大統領を引退させてしまって、初の黒人女性大統領にすることだ。そのまま大統領選に向かうメリットは計り知れないからである。

共和党は、副大統領としての実績のなさとバイデンを予備選挙に出させ続けたことを批判することになる。

攻撃材料を精査していこう。

「下半身」と「皮膚の色」を武器に政界を遊泳

まずカマラ・ハリス氏の政治家としての資質を精査していこう。そこで整理しなければならないのがカマラ・ハリス氏の経歴だ。

カマラ・ハリス氏は1964年10月20日、カリフォルニア州オークランドでジャマイカ出身の経済学者の父と、インド出身の内分泌学研究者の母の間に生まれた。幼少期には両親と市民権運動に参加。自身はキリスト教徒だが、母親とともにヒンズー教の寺院にも通って育つ。

まさに「多様性の申し子」と言えるだろう。ちなみに夫のダグラス・エムホフ氏はユダヤ人だ。

ワシントンのハワード大学では政治学と経済学を専攻。卒業後はカリフォルニアに戻り、ロースクールに通い、1989年に法務博士号を取得。一度の不合格の後、1990年にカリフォルニア州の法曹資格を取得し、同年からカリフォルニア州アラメダ郡にて地方検事補として働く。

ハリス氏の政治家になるターニングポイントとなるのがカリフォルニア州の医療扶助委

員を務めたことだ。医学的なキャリアをまったく持たないハリス氏を指名したのが、当時、カリフォルニア州議会議長だった民主党の大物政治家のウィリー・ブラウン氏である。

この抜擢人事はハリス氏との不倫関係にあった約30歳年上のウィリー氏の独断と報じられていた。両者の関係を整理していこう。

2人が交際を始めたのは1994年のことだった。交際直後の1994年6月にハリス氏は地方検事補の職を休職。すると、ブラウン氏が即座にハリス氏をカリフォルニア州失業保険控訴委員に任命する。その5カ月後に、ハリス氏が保険委員会を辞職すると、ブラウン氏は直ちにハリス氏をカリフォルニア州医療扶助委員に任命したのである。

州は委員会メンバーを、

「病院サービスの管理、リスク管理保険またはプリペイド医療プログラム、医療サービスの提供、郡の医療システムの管理、およびサービスを受ける人の代表の経験を持つ人から選ばなければならない」

と定めていたのだから、ブラウン氏の独善とも言える採用だ。しかも毎月1時間から2時間の会合に出席するだけで、フルタイムの（州）上院議員に相当する報酬が支払われるという美味しい役職である。

当然のことながら、この個人的采配を、政界は批判した。そうした批判を封印できたのはブラウン氏が黒人の有力政治家だったことが大きい。1995年にブラウン氏は、黒人初のサンフランシスコ市長に就任し長期政権を築くことになる。選挙期間中に猛批判を浴びた2人の関係だが、ブラウン氏当選直後に破局する。

その後、ハリス氏はサンフランシスコ地方検察局の常習犯対策班の指揮官、サンフランシスコ市検事地域コミュニティ課のチーフに就任。またカリフォルニア地方検察協会の役員と、全米地方検察協会の副会長を務める。

そして2003年の選挙でサンフランシスコ地方検事に当選する。

メディアは「黒人女性初」という冠を付けて報じたが、両親はアフリカ系ジャマイカ人とインド人だ。大統領になったバラク・オバマ氏も父親がアフリカ出身だが、母親は白人である。ところが片方の血だけをことさら強調されている。

メディアの「黒人初」という肩書きは、意図してミスリードを起こすように使われるので、常に疑いながら読まなければならない。

また、この経歴の背後で別れたはずの交際相手のブラウン氏が、キャリアアップの支援をしていたことは言うまでもない。ブラウン氏も身のきれいな政治家ではなかった。下院議長や市長時代には、買収や汚職の疑惑に何度も直面したが、FBIによる複数の捜査は空振りに終わり、起訴を逃れたのである。

地方検事当選後、カマラ氏はブラウン氏のことを、

「私の首にぶら下がっているアホウドリ」

とメディアでこき下ろし公的には別離を装ったが、その後もブラウン氏が「後見人」となってハリス氏の政界キャリアを押し上げたとされている。その助力は大きく寄与し、2008年には民主党の「鉄の女」ことナンシー・ペロシ氏の支持を集めて、ハリス氏はカリフォルニア州司法長官選挙に勝利。「黒人女性初」の同州司法長官に就任。2014年に再選を果たす。

そして2015年、同州選出の民主党上院議員の政界引退を機に、ハリス氏は上院議員選への立候補を表明。2016年11月8日の一般選挙で上院議員に選出されたのである。

警官殺しのギャングを擁護

明らかにしたようにハリス氏は2004年〜11年までサンフランシスコ市の地方検事を、

2008年から2016年、カリフォルニア州司法長官を務めている。共和党の大統領候補に指名されて初めての選挙集会でトランプ氏はハリス氏を、「サンフランシスコを破壊した」、「最悪の検察官の一人」と酷評している。

これは誹謗や中傷ではなく、ハリス氏の2つのエピソードを基にしている。1つ目が「アイザック・エスピノザ殺人事件」だ。

2004年4月10日、サンフランシスコ市警のアイザック・エスピノザ巡査はパートナーとの巡回中、不審な人物2人を発見し事情聴取を行った。男は二手に分かれて逃走。エスピノザ巡査らは地元のギャング、デイビッド・ヒルを追った。窮したヒルはわずか3メートルの距離からAK-47を乱射。2発がエスピノザ巡査に当たり、その内1発は脇腹を貫通。巡査はその38分後に死亡した。

警察はその日のうちにヒルを逮捕したが、殺害事件の3日後、当時地方検事だったカマラ・ハリス氏は、ヒルに対して死刑を求刑しないと発表する。警察界を激怒させた。

警察組合は民主党の伝統的な票田だが、ハリス氏はサンフランシスコの地元警察組合と対立することになる。カリフォルニア州の上院議員2人はハリス氏を非難。そのうち1人であるダイアン・ファインスタイン氏（民主党）はエスピノザ巡査の葬儀で立ち上がり、

「これは悲劇の定義であるだけでなく、死刑法が求める特別な状況なのです」。とハリス氏の独善を非難し、埋め尽くした警察官と遺族から喝采を受ける一幕があった。この遺恨は現在でも残っている。

もう一つが、２０１４年11月4日にカリフォルニア州の住民投票で、「提案47安全な近隣と学校法」（Proposition 47、The Safe Neighborhoods and Schools Act）という法律が可決された。これは、直接的に物理的暴力で被害者を傷つけない犯罪ならば、重罪（felony）ではなく軽犯罪、微罪（misdemeanor）として再分類するという法律であった。

「万引き」合法化をプッシュした

発端となったのは２０１１年にカリフォルニア州の投獄率が全米2位になったことだ。最高裁判所が刑務所の過剰収容が人権の侵害にあたると判決を出し、カリフォルニア州は投獄人数を約３万３０００人減らさなければならなくなった。

そこでカリフォルニア州が選んだのは刑務所の増設ではなかった。「プロポジション47」によって、それまでは「重犯罪」とされていた

・被害額950ドル以下の窃盗
・被害額950ドル以下の万引き
・時価950ドル以下の盗難品の受領
・額面950ドル以下の小切手、債券、紙幣などの偽造
・被害額950ドル以下の詐欺
・額面950ドル以下の不渡り小切手の意図的な発行
・ヘロイン、コカイン、覚せい剤などの違法薬物の所有または使用

これらの「犯罪」を「軽犯罪」へ「再分類」したのである。実際にカリフォルニア州内の刑務所への新規収監人数は一気に50%減少、施行1年で囚人人口の総数は9%減を達成した。逮捕、起訴、収監をしなくて済むということで関連予算の大幅コストカットに成功している。

当然のことながら治安は大幅に悪化した。

ロサンゼルスやサンフランシスコなどの都市部では百貨店などの小売店での万引きが常態化し、無法地帯となった。特にサンフランシスコの状況は酷く、中には大規模な万引きグループに連日店を襲撃されて経営困難に陥った店も多く出た。その結果、サンフランシ

スコからは、アメリカを代表する小売店を含む95の大型小売店が撤退を決めたのである。

まさにゾンビタウンだ。

この「プロポジション47」について、当時、同州司法長官だったカマラ・ハリス氏は公的には正式な立場を取らなかった。しかし、この投票概要を作成したのは、カマラ・ハリス氏である。さらにコスト削減を強調したことで、有権者の支持を誘導した。

カマラ・ハリス氏が暗躍した、この悪夢の法律は「刑務所からホームレスへのパイプライン」と嘲笑されている。施行によって刑務所から追い出された犯罪者は街に戻ってホームレスになったからだ。

候補に指名された理由は「カネ」

カマラ・ハリス氏の検事、司法長官時代の前科について明らかにした。今後、共和党側はこのことを追及していくことになるだろう。政治家としての「資質」については後述する。

バイデン大統領が撤退を決めた直後から、民主党全国委員会は、資金調達委員会の名称を、「ハリス勝利基金」と「ハリス行動基金」に変更することを申請。またバイデン選対本部のX公式アカウントは、「@BidenHQ」から「@KamalaHQ」に名称を変更。最初に、「カマラ選対本部へようこそ」
とポストした。このように民主党は一気にカマラ・ハリス氏を大統領選候補に指名するべく動き始めたのである。

その理由は一にも二にも「おカネ」だ。

各党が大統領候補に指名した時、大統領候補者が副大統領を指名するが、アメリカ大統領選は「副大統領」とセットになって行われる。選挙資金も同様で、スーパーPACなどの資金はバイデン氏とカマラ・ハリス氏の「セット」で集められている。すなわちカマラ・ハリス氏以外は、残った150億円を使うことができない構造にあるからだ。

バイデン氏が撤退を表明したのは投開票まで約4カ月しかない時期だった。アメリカ大統領選とおカネの話は前述したが、この短期間で巨額の選挙資金をゼロから集めることは事実上不可能である。

もう一つは「トランプ優勢」という消極的な理由である。勝てそうもない大統領選挙に惨敗してキャリアに傷を付ける必要はない。大統領候補になる理由がなくなったことで、他の有力候補は出てこなかった。

このため、カマラ・ハリス氏以外の候補の選択肢がなかったのが現実だ。

実際にバイデン氏がハリス氏を後継指名した直後、たった1日で約100億円の資金が集まったということが話題になった。これは、資金が円滑に禅譲されたことを示している。

また、再び民主党の大統領選挙に「資金」が集まり始めたことを意味する。

カマラ・ハリス氏は2024年8月1~5日のオンライン投票で99％の代議員を獲得。同月6日、民主党は彼女を正式な大統領選候補に指名した。ハリス氏はミネソタ州のティム・ワルツ知事を副大統領候補に指名し、選挙活動を本格化させている。

ティム・ワルツの正体

再選を目指していたバイデン - カマラ・ハリス陣営のキャッチフレーズは、「仕事を終わらせる」

だった。1期目で達成できなかったことを2期目で確実に実現するということである。

撤退表明後もハリス氏はバイデン氏の仕事を継承するとしているが、それ以外の色が見えなかった。後で明らかにしていくが、副大統領時代の実績はほぼなく、何をしたいのかわからない状態だ。

あえて特長を言えば、黒人であり女性であることぐらいである。

そのため、カマラ・ハリス氏が誰を副大統領に選ぶかが、ハリス政権の政策を占う意味で重要だった。また、同時に、大統領選挙に大きな影響を与えることになる。

前述したようにハリス氏が副大統領に指名したのがティム・ワルツ氏だ。日本での知名度はゼロに等しい。そこで簡単に経歴を整理していこう。

ワルツ氏は、現在ミネソタ州の知事を務めている。1964年4月6日にネブラスカ州で生まれた。1989年に大学を卒業後、教育者となる。高校の地理教師として働きフットボールのコーチとしても活躍した。

また陸軍州兵として24年間勤務したとしており、最終階級は軍曹だという。

2007年から19年まで下院議員を務め、2019年にミネソタ州知事に選出。現在に至る。知事としては、学校給食の無償化や気候変動対策、中間層の減税、労働者の有給休暇の拡大など、進歩的な政策を推進してきた。

ワルツ氏以外のもう一人の副大統領の有力候補は、ペンシルベニア州知事、のジョシユ・シャピロ氏だった。シャピロ氏はユダヤ人で、政策的には共和党に近く、反ユダヤ主義を批判してきた。

これがカマラ・ハリス氏の支持母体である親パレスチナ、反イスラエルを掲げる極左勢力から嫌われたことで副大統領に選ばれなかったのである。

このように考えるとカマラ・ハリス政権はバイデン政権よりもリベラルに傾く可能性が高い。一方で、民主党首脳部からすれば使いやすい操り駒を選んだということになる。

ワルツ氏を副大統領指名して24時間で3600万ドル（約53億円）の献金があったことが報じられた。もちろん陣営からの意図的リークである。バイデン氏の撤退以降、メディアに出てくるのは金の話ばかり。逆説的に言えば、バイデン氏が大統領候補の際には一切触れられなかったのだから、金が止まったことが勇退理由であることの反証と言えるだろう。

投開票に向けてトランプ氏側の陣営のネガキャンが本格化した。

副大統領として実務能力ゼロだったハリス氏に対するネガティブイメージはすでに確立しているため、共和党としてはワルツ氏への攻撃材料を探し始めた。そこで真っ先に出てきたのは「中国問題」だ。

パンダ・ハガーと軍歴詐称

教育学修士の資格を持つワルツ氏だが、大学卒業後の1989から1年間、外国人教師として中国広東省に住み英語を教えていた。帰国後、公立高校の教師となったが、妻とともに米国の学生の中国旅行を企画する会社を設立。自身も30回以上、訪中している。2016年にはインタビューで、

「中国とは必ず敵対関係である必要があるというカテゴリーに私は入らない」

と主張し、

「南シナ海で中国がやっていることにはまったく同意できないし、断固とした態度で臨む必要があると思う。しかし、協力できる分野はたくさんある」

という考えを示した。

親中派はパンダをハグする者という意味で「パンダ・ハガー」と呼ばれる。共和党側はワルツ氏のパンダ・ハガー疑惑を追及、中国共産党が最も喜ぶ副大統領候補であると攻撃した。

民主党側は釈明のため、中国との密な関係を否定し批判せざる得なくなり、そのことは中国にとってマイナスになることとなっている。

もう一つの疑惑が軍歴詐称疑惑だ。

この疑惑が最初に報じられたのは2006年の下院議員選出馬の時である。イラクやアフガニスタンでの勤務経験の有無など、軍務について誤解を招く発言をしていると批判されたのだ。

ワルツ氏は政治広告やウェブサイトに、自身が「不朽の自由作戦」を支援するため外国で勤務したと説明した。ただし赴任先はアフガニスタンではなく、イタリアだ。退役後、予備役となったワルツ氏は、NATO（北大西洋条約機構）の北極圏訓練任務に3度従事。2003年から1年間、不朽の自由作戦支援のためにイタリアで勤務している。

ここまで共和党側のネガティブキャンペーンをリベラルメディアが火消しするという構図ができている。

即座に指名を受け入れられなかったオバマ

資金の部分では再始動し始めたアメリカ民主党だが、カマラ・ハリス氏擁立によって波乱含みであることは、ほとんど報じられていない。

民主党のバラク・オバマ元大統領、チャック・シューマー上院院内総務、民主党の「鉄の女」ことナンシー・ペロシ元下院議長ら数十人の民主党幹部、重鎮が讃えたのはバイデン大統領の撤退の決断と、これまでの業績に留めた。

撤退発表翌日、バイデン氏がカマラ・ハリス氏を後継指名したことは前述したが、即座に支持を表明したのはビル・クリントン元大統領、その妻で2016年大統領選で民主党候補となりトランプ氏に敗北したヒラリー・クリントン元国務長官だ。2人はハリス氏を支持するとし、

「彼女を選出するために全力で戦う」

と表明したが、前述した重職者は「カマラ・ハリス支持」を即座には受け入れることはできなかった。

バイデンおろしの声を最初に上げた民主党上院議員ピーター・ウェルチ氏は、ハリス氏の党候補者としての指名には「開かれたプロセス」が必要だと主張し、慎重な姿勢を崩さなかったのである。

特に注目したいのがオバマ氏が、ハリス氏後継指名直後に支持を明確にしないまま「傑出した候補者が現れる」という「並々ならぬ確信」を持っているとした点である。ナンシー・ペロシ氏に至ってはコメントを発表しなかった。

そこで考えたいのがオバマ氏とバイデン氏の関係だ。アメリカ民主党において直近で2期政権を維持できたのはオバマ政権だ。オバマ氏は民主党内で隠然としたパワーを持っている。そのオバマ政権の副大統領がバイデン氏で、バイデン政権が成立した時の陰の立役者がオバマ氏である。

それゆえバイデン政権は、事実上「オバマ政権の傀儡」とも言われており、ホワイトハウスのスタッフはオバマ政権時代のスタッフが大量に採用されている。

政権を支える陰の重職者であるオバマ氏が即カマラ・ハリス支持を明確にしなかった裏側にはいくつかの説がある。最も濃厚とされるのがオバマ氏夫人、ミシェル・オバマ擁立計画説だ。

前述したように、バイデン氏が大統領選本番まで半年を切った段階でゼロから選挙資金を集めなければならなくなった。この高い壁を越えて、トランプ氏と互角の勝負まで持っていける知名度を持った唯一といってもいい人物がミシェル氏だからである。オバマ氏の「傑出した候補者が現れる」という言葉が「夫人擁立」を念頭に置いたものであるという見解にはそれなりの説得力があるのではないか。

もう一つが歴史が示すデータだ。

アメリカ政治史ではバイデン氏を含めて実に15人の大統領が副大統領経験者だ。ところがそのうち9人は大統領の死亡、あるいは辞任などによって自動昇格していているのに過ぎない。第二次世界大戦後に限るとトルーマン、ジョンソン、フォードの3氏とさらに限定されてしまう。

同じように大戦後、バイデン氏以前に副大統領から大統領選を勝ち抜いて大統領になったのはニクソン、そして「パパブッシュ」ことジョージ・H・W・ブッシュのやはり3氏に過ぎない。

すなわち副大統領では勝てる確率が少ないのである。

だがこのことをオバマ氏ら民主党重鎮が顧慮した可能性は低い。というのは前述したようにトランプ優勢で、バイデン氏が撤退しようとしまいと誰が出ても勝つ確率が少ない状況だったからだ。

さらにもう一つはオバマ氏－バイデン氏－ハリス氏3者の遺恨説である。

民主党内から起こったバイデンおろしの声に対してバイデン氏は最後まで抵抗していた。渋るバイデン氏を「撤退」の決断に踏み切らせた人物はオバマ氏であることがアメリカのジャーナリストや、ニューヨーク・ポストなどのメディアで報じられた。

こうして両者の間に小さくない遺恨が生まれたというのだ。

この説を裏付けるのがカマラ・ハリス氏である。バイデン大統領から指名を受けた彼女は2024年7月21日に、後継指名を受け入れるという声明を出した。その中で、バイデン大統領について、

「バイデン氏が成し遂げた偉大な功績はアメリカの現代史において比類のないもので、2期を務めた、ほかの多くの大統領の功績をしのぐものだ」

とした。たった1期で、長期政権を築いた他の大統領を超えたと褒めそやしたのだ。これはオバマ氏を否定しているということでもある。

何よりオバマ氏が即座にハリス氏を受け入れられなかったのはカマラ・ハリス氏の「政

治家」としての能力ではないか。そのことを明らかにするためには、なぜ当選わずか1回の新人議員に過ぎないカマラ・ハリス氏が副大統領に指名されたのかを整理しなければならない。

その理由は能力ではなく、「打倒トランプ」のアイコンに過ぎなかったからだ。――その理由を明らかにするためには、2020年大統領選を整理しなければならない。

第2章

極左に支配された米民主党

分裂を防ぐためだけに

当初2020年大統領選は現職だったトランプ氏の2期再選が確実視されていた。その予測を歪めてしまったのが、コロナ禍である。世界の多くの民主主義国家で、有権者はコロナ禍のストレスを自国の与党政権にぶつけた。アメリカも同様で、大統領だったトランプ氏はコロナ対策に忙殺され選挙運動を満足にすることができなかった。

民主党は追い風を受けたが、党内に「分裂」という病理を抱えている。

リベラル色の強い民主党だが、党内には中道左派、穏健派と急進左派の3派が存在する。中道左派と穏健派は距離が近く「中道派」でまとめられるが、問題なのは「急進左派」だ。

トランプ氏を代表として民主党の一部を「極左」と呼ぶのは、この「急進左派」のことである。日本で言えば公明党は少数ながら与党のキャスティングボーダーの立場を維持している。民主党内の極左グループも同様の立場だ。実際に、2016年大統領選挙ではヒラリー・クリントン氏が急進左派を軽視した。

巨額の選挙資金を集めながら、トランプ氏が敗れた大きな要因の一つが、党内対立だったとされている。

2020年大統領選挙に向けた予備選でバイデン氏より優勢だったライバルは「極左グループ」の候補だった。中でも優勢だったのはサンダース氏だが、民主党首脳部は難色を示す。イデオロギー色が強すぎてトランプ氏に勝利することは難しいからだ。

大統領候補は穏健派のバイデン氏でなければ勝てない。ところがバイデン氏を指名すれば極左グループが離反してしまう。このジレンマを解消するツールとして注目されたのがカマラ・ハリス氏だ。

当選1回で無謀にも大統領予備選に出馬したカマラ・ハリス氏だった。立候補にあたって彼女が掲げた政策は軍備縮小、銃規制、大麻合法化、人工中絶自由化、LGBTの権利拡大、国境解放、移民賛成で、サンダース氏と極めて似た「極左政策」だった。

内政特化で外交戦略に一切触れていないことから、泡沫候補の1人で、ほとんど相手にされていなかったのが実態だ。

民主党予備選に名乗りを上げたのはお得意の売名目的という声がもっぱらだった。そこで、バイデン氏が副大統領候補にカマラ・ハリス氏を選出し、急進左派の分裂を防ぐ戦略に打って出たのである。このことで3派がまとまりバイデン氏は僅差でトランプ氏に勝利する。

この党内事情が「黒人女性初」の副大統領が誕生した理由だ。ところが、この抜擢人事によってバイデン大統領は機能不全を起こすことになる。

露呈した実務能力

アメリカ議会は2大政党によって運営されている。両党が平行線のままでは何の政策も実行できない。そこで両党間が水面下ですり合わせを行いながら議会を運営するのが通常だ。

オバマ政権時代に両議会のすり合わせを行っていた中心人物が、当時、副大統領だったバイデン大統領である。その能力こそがバイデン氏が副大統領に指名された理由だった。

バイデン氏は1972年にデラウェア州選出の連邦議会上院議員に立候補し、共和党内の内輪もめが手伝って当選する。ところが直後に交通事故によって妻と長女を亡くし、後妻となったのが現在のファーストレディとなるジル夫人だ。余談だが、金とセックスへのどす黒い欲望を巡る醜聞が絶えず、2023年12月8日に2度目の起訴をされた三男のハンター・バイデン氏は、ジル夫人との子供である。

初当選後、バイデンは36年間の長期にわたって上院議員を務めることになった。議員歴が長いだけが取り柄で、ほかにこれといった政治的業績は聞いたことがない。だがこの「議員歴の長さ」がバイデン氏最大のストロングポイントとなる。

アメリカ議会においては当選回数によって「シニオリティ（先任権）」が決まり、部会の委員長を務める。「委員長」は日本の国会の「委員長」よりはるかに大きな権限を持つ。法案審議をするか、しないかも委員長の裁断によるので、バイデンは上院の外交委員長を務めて、議会の重鎮となっていった。

２００８年のアメリカ大統領選における民主党予備選では候補に名乗り出たが、オバマ氏とヒラリー・クリントン氏の2強を前に撤退を選択。しかし民主党大統領候補に指名されたオバマ氏によって副大統領候補に指名され、２００９年1月に副大統領に就任した。指名の理由が「長い経歴」で、議会調整の要として活躍したのである。

外交と内政両方にダメージ

ところが当選、わずか1回、実務能力ゼロのカマラ・ハリス氏に調整ができるはずがない。この結果、バイデン大統領は自らが議会調整を行わなければならないようになってしまう。

「オバマにはバイデンがいたが、バイデンにはバイデンしかいない」という状況では内政にフォーカスせざるを得なかった。影響を受けたのは「外交」である。ロシアによるウクライナ侵攻も、イスラエル－ハマス戦争も「バイデン外交の失敗」が原因だ。この失敗の裏側にあったのがカマラ・ハリス氏の実務能力の低さだったのである。

もちろん内政にも影響を与え、バイデン政権が目玉政策として掲げていたいくつかの政策は不成立となった。頓挫した目玉政策の、一つが「ビルド・バック・ベター」法案である。

同法は気候変動対策、育児・教育・医療など社会保障の強化、インフラ整備、富裕層や大企業への増税などの税制改革をごった煮にした法案だ。「アメリカの経済と社会をより持続可能で公平なものにすることを目指す」という極めてリベラル色の強い看板を掲げた大規模な歳出計画である。

この法案が民主党が支配する下院で採決される直前の2021年11月、アメリカのインフレ率は前年比6・8％に達していた。そこで同月12日、同法のインフレへの影響を記者会見で問われたカマラ・ハリス氏は、このようにコメントした。

「ここから始めよう。物価が上昇し、家庭や個人は、パンが高くなり、ガソリンが高くなるという現実に直面している。それが何を意味するのか、私たちは理解しなければなりません。生活費が上がるということ。それは限られた資源にストレスを与え、引き伸ばさなければならないということだ。それは、経済的なものだけでなく、日常的なレベルで、背負うべき重荷のようなものなのです」

小泉進次郎氏でも達成できるかどうかの「意味不明」な珍回答であることは言うまでもない。

このような「前科」は大統領選投開票日に向けて次々と明らかにされ問題視されていくだろう。悩んだオバマ氏だったが、2024年7月26日になってようやくカマラ・ハリス氏を「支持する」と公言するようになった。ペロシ氏など他の重鎮を横にらみにしての表明だ。

逆に言えば、重鎮が判断するのに、そこまで時間がかかるほど酷い消極人選ということでもある。

カマラ・ハリスの経済政策

重鎮たちの悩みが露呈したのは、2024年8月16日のことだった。カマラ・ハリス氏はこの日の演説で中間所得層への支援策として、食品の過度な値上げを禁止する連邦法を作ると表明したのである。2019年以降、アメリカの食料品価格は全国で26％上昇したが、このインフレに対する対応策として打ち出した。

具体的には連邦取引委員会と各州の司法長官に、食料品価格つり上げに関連する問題に対処する権限を与え「過度な」値上げを実施する企業に高額の罰金を科すことができるようにするというものだ。

当然のことながら、材料費の高騰や賃金上昇によるコスト急増に直面している食品メーカーなどが反発。また、全米食料品協会は、

「小売業者もインフレの圧力に苦しんでおり、すでに極めて薄い利益率での営業を余儀なくされている」

という声明を出した。トランプ氏は、この提案を「物価統制」だと批判。「共産主義的な価格上限を実施すれば、かつてない飢餓や貧困に陥る」とした。

さらに21日にはカマラ・ハリス陣営がバイデン政権の2025年予算案で提案された「富裕税」を支持する方針を明らかにする。

これは資産価値の上昇による利益「キャピタルゲイン」に対する課税で、2025年予算案によると、課税所得が100万ドルを超え、投資所得が40万ドルを超える個人に44・6%が課税され、キャピタルゲインに対する最高税率は39・6%に引き上げられるというものだ。

また、1億ドル（145億円）以上の資産を持つ富裕層に対しては、換金されていない投資の含み益に対しても、実に25%の税を課す提案がなされている。

食品に対する価格統制は食品価格を統制すれば利益圧縮により、価格競争力が低い中小零細メーカーなどが破綻する。共産主義国では食品に対する価格統制を行った結果、深刻な食糧危機に陥った。

また、含み益に対する課税に至っては前代未聞である。これは市場経済の否定で、もし実施すれば、税の支払いのための資産売却を迫られ、債権、株式などの市場は崩壊することになるだろう。

極左と言われるだけのことはある「経済政策」だが、このことはカマラ・ハリス氏にまともな経済ブレインがついていないことを示している。アメリカ国民主党の中間派がこれを許すのかは、かなり疑問だ。

また、これを実施すればアメリカで大規模な資本逃避が発生し、結果的に税収は大幅に減少することになる。企業の本社移転なども本格化する可能性は高い。すでに、税が高く生活コストが高いカルフォルニアからの本社や富裕層の逃避が起きていることがこれを証明している。

低所得層の税を引き下げ、富裕層に対する税金を上げるというのは聞こえのいい政策だが、その大前提となる経済や市場が崩壊すれば無意味である。議会選挙次第だが民主党からも多くの反対意見が出て、実際には立法できない可能性が高い。仮にそれを見越してアドバルーンを上げたとしても、あまりにも酷すぎると言えるだろう。

カマラ・ハリス有利は本当か?

カマラ・ハリス氏が2024年大統領候補として指名されるや、特にリベラル系メディアは横並びに「カマラ・ハリス有利」と報じ始めた。日本のメディアはそうした報道を「引用」という形で報じることが多いので、日本でも「カマラ・ハリス有利」と思い込んでしまっている人が多くいる。

アメリカ大統領選には莫大なカネが投下され、キャンペーンという情報戦が行われることは前述した。どちらが有利なのかを理解するために、まず大統領選の仕組みを整理していこう。

アメリカ大統領選は2大政党の共和党、民主党が候補を絞り込んでいく。この「絞り込み」は有権者が投票所で投票する「予備選」、あるいは「党員集会」を開催して挙手によって勝敗を決める2つの方法がある。「予備選」、「党員集会」かの選択、党員集会の実施方法は、それぞれの州や地域で異なる。

例えばアラスカ州とネブラスカ州では、共和党は予備選挙を実施するが民主党は党員集会を行う。反対にケンタッキー州では民主党が予備選挙を行うのに対し、共和党は党員集会を開いている。

民主党が党員集会を好み、共和党が選挙を好むのは前述した通りだ。

この過程の中で大統領の資格がないと判断した候補者は指名レースから撤退する。カマラ・ハリス氏は２０２０年大統領選の指名レースに出馬したものの、泡沫候補として早々に姿を消した。

２０２４年大統領選においてアメリカ民主党が抱えた問題は、最初から「バイデン一択」で進められてきたことだ。他の候補者がいない上、大統領選まで短期間で撤退したことで「カマラ・ハリス一択」になってしまったことは前述した通りだ。

日本人にとってアメリカ大統領選が理解しにくいのは、有権者が候補者に直接投票しないことだ。有権者は、大統領に投票する「選挙人」に票を投じる間接選挙になっている。

そこで大統領候補は全米50州と首都ワシントンに割り振られた計５３８人の選挙人の数を競う。過半数の２７０人以上を得た候補が大統領となる。

上院議員２人と、人口に基づいて配分される下院議員の数の合計で各州の選挙人数が決まる。２０２０年大統領選からは13州で選挙人数が変更された。最多がカリフォルニア州の54人、続いて、テキサス州の40人、フロリダ州の30人と続く。最少はアラスカ、デラウェアなど6州と首都ワシントンの3人である。

48州と首都ワシントンでは、「勝者総取り」方式が採用されている。相手より1票でも多く票を得れば、すべての選挙人を獲得できるという仕組みだ。

勝敗の鍵「スイングステート」

アメリカは沿岸部にはリベラル層、中央部にはテキサスにいる開拓時代の「カウボーイ」タイプが多くいる。大西洋に面した東海岸は北側にニューヨークなどの金融系、南側にはボストンなど最初にアメリカに渡ってきたＷＡＳＰ（ホワイト、アングロ・サクソン、プロテスタントの略）が、西海岸は太平洋に面しているということで北側にカリフォルニアを中心にアジア系移民が、南側はヒスパニック系が多く住む。

この国家構造は約１５０年以上前の南北戦争時と変わらない。

ご存じのようにアメリカは2大政党制の国だが、各政党への支持率も、この国家構造を映し出したものになっている。アメリカでは民主党支持者の多い州が「ブルーステート」

（青い州）、共和党支持者の多い州は「レッドステート」（赤い州）と呼ばれる。

概ね沿岸部が「ブルーステート」で、中央部が「レッドステート」という状態が続いているのだ。

そこで選挙の勝敗は両方に属さない「スイングステート」が鍵になる。「スイングステート」は「激戦州」「注目州」として報じられるが、選挙ごとに変動する。

例えばこれまでの大統領選において最重要の「スイングステート」だったのは、全米で3番目に選挙人が多いフロリダ州だ。２０２０年大統領選で、トランプ氏がフロリダ州を勝ち２０２４年大統領選ではレッドステートになっている。

実はこのことには重要な意味がある。勝因となったのは、同州に多く住むキューバ系移民だったからだ。そのキューバ系移民が共和党に投じた背景にあるのがカマラ・ハリス氏の副大統領指名だった。社会主義国の貧困と恐怖を知悉しているキューバ系移民は極左を嫌悪し、フロリダ州はレッドステートになったのである。

２０２４年大統領選におけるスイングステートはアリゾナ州、ジョージア州、ミシガン州、ネバダ州、ノースカロライナ州、ペンシルベニア州、ウィスコンシン州の7州とされている。今回の大統領選を州ごとに図式がしたものが次ページの図「レッドステート・ブ

レッドステート・ブルーステート

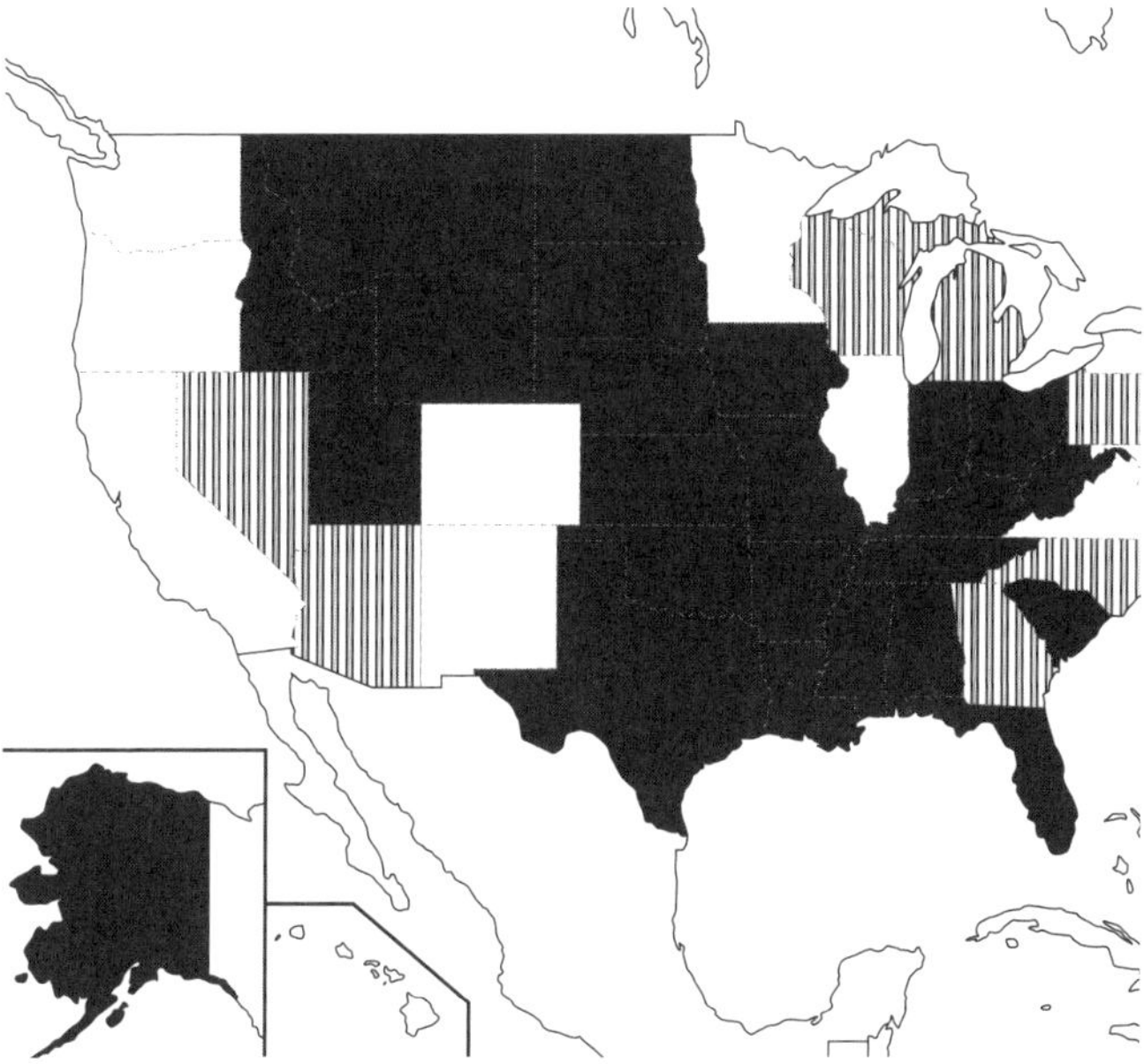

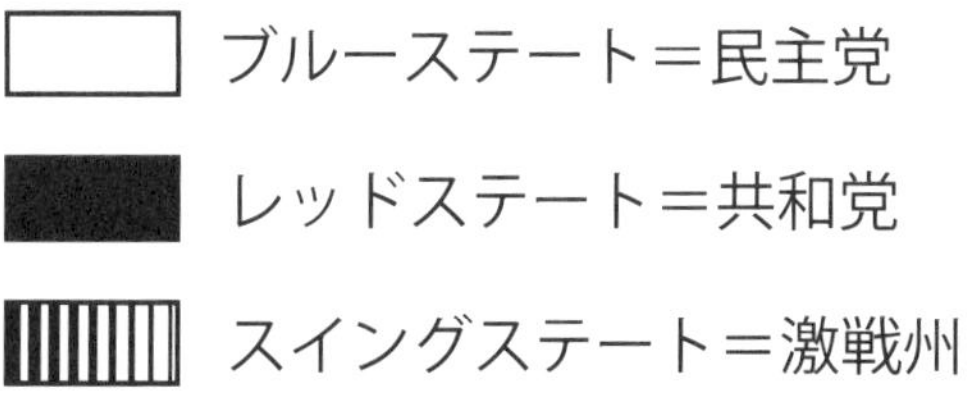

ルーステート」である。

左翼の票田

さてフロリダ州を取られてしまったようにカマラ・ハリス氏は民主党にデメリットしか与えないわけではない。民主党内の支持者は大きく2層に分かれており、1つが白人の、東部エスタブリッシュメントを中心とした層で、この層には西海岸のカルフォルニアなどに任む意識高い系富裕層が連なっている。

いわば民主党の資金源がこの層だ。

それに対して「票田」となる支持層は労働組合と、有色人種などマイノリティと呼ばれる人たちだった。2020年大統領選では有色人種の中でも、特に黒人の票を集めることによって、民主党は勝利した。

もちろんカマラ・ハリス氏が「黒人女性初の副大統領」としてアイコンになったからである。このアフリカ系アメリカ人という基礎票の上積みとして期待されているのが、有色人種による極左系グループだ。

実際に2020年大統領選では、反黒人差別を掲げる組織BLM（ブラック・ライブズ・マター＝Black Lives Matter の略）が大きな意味を持った。

発端となったのが2020年5月25日にミネソタ州ミネアポリス近郊で黒人男性のジョージ・フロイドが、白人警察官によって不法拘束され死亡する事件である。その後、反対デモがアメリカ全土に拡大、デモは暴徒化した。暴動が本格化した都市では白人層が弾丸をこぞって購入。略奪の危機から店を閉めていたため、通信販売で買い求めた。

内戦に近い状況にまで暴徒化を推し進めたのが、黒人差別反対運動を掲げるBLMである。組織の規模を示す一例が2023年3月10日、に起きた米地銀のシリコンバレーバンク（SVB）の破綻劇だ。

SVBは西海岸の意識高い系富裕層ご用達の銀行だったが、破綻直前、SVBがBLM運動やその他の社会正義関連の活動に約7345万ドル（約96億6000万円）を寄付していたことが明らかになったのである。

2024年大統領選においてもカマラ・ハリス氏がBLMと結託した可能性は極めて高い。その裏付けとなるのが副大統領指名した、ワルツ氏の経歴にある。

BLMが全米を内戦状態にした黒人男性の死の爆心地はミネアポリスだが、事件当時のミネソタ州知事こそがワルツ氏だ。ところがワルツ氏は約2日にわたって暴動鎮圧を放置。その結果、略奪や放火が広範囲に及び、市内は炎上した。ワルツ氏が州兵を派遣し鎮圧を指示したのは3日目のことだった。

このような過去から、ワルツ氏の副大統領指名をBLMが喜ばしく受け取っていることは間違いなさそうだ。

オバマ時代から続くアドバイザーが逃げた

莫大なカネを必要とするアメリカ大統領選だが、選挙には選挙アドバイザーや戦略PR会社などに依頼して、メディアを使った情報戦を展開する。大統領選と資金の流れは前述したが、スーパーPAC成立以降、幾何級数的に膨れ上がる選挙運動資金収集が慣習化する流れに変化を起こしたのがトランプ氏である。

2016年大統領選挙でトランプ氏はX（当時はTwitter）などSNS上を駆使しローコストで選挙戦に勝利した。また、演説や討論会などリアルな場面でも持ち前のカリスマ性を発揮して、原稿なしの戦いを行い支持を集めたわけだ。

レガシーメディアにとって大統領選は稼ぎ時なのだが、トランプ氏に仕事を奪われたことで激怒。だからこそ、2020年大統領選ではXやFBに規制をかけ、トランプ氏が自由に選挙活動をできないよう阻害したのである。

そこで考えたいのがカマラ・ハリス陣営の選挙スタッフだ。

バイデン陣営の場合、オバマ時代からのスタッフなどが、オバマ時代には一回取り下げた「グリーンニューディール」などの骨組みとなる政策を作り、うまく政策キャンペーンを回していた。2期目のバイデンは「仕事を終わらせる」と掲げ、これを完結させるとしてきたので、一応の政策提示ができていたのである。

それに対して、ハリス氏の場合、バイデン路線を継承する方針しか打ち出しておらず、ハリスカラーを出せないでいる。

ここから導き出せるのはハリス陣営はバイデン陣営の一部を引き継いだものの、中核となるアドバイザーや選対など完全に引き継げていない可能性が高いということだ。

それはこれまで整理してきた経緯を考えれば自明の理でもある。バイデン陣営はオバマ氏から継承したもので、オバマ氏はカマラ・ハリス氏を諸手を挙げて歓迎しているわけではない。ということはハリス氏は、オバマ陣営を源流としたアドバイザリーをそのまま引き継ぐことはできないということだ。

この根拠の一つが副大統領人事にある。

ペンシルバニアのシャピロ知事を選んでいれば、そのままオバマ時代からの選対や組織を引き継げたはずだ。というのは「ユダヤ系ネオコン」というシャピロ知事の政治スタンスは民主党の主流派であり、金主のユダヤ系資金と組織を引き継げたからだ。

イスラエル-ハマス戦争で民主党が分裂

対して反イスラエル・親パレスチナを旨とする民主党左派が母体では、穏健派、中道のスポンサーが逃げてしまう可能性が高い。直近で、この問題が民主党分裂として噴出する可能性が高いのはカマラ・ハリス氏のイスラエルへの対応である。

2023年10月7日、パレスチナのガザ地区を支配するハマスがイスラエルを攻撃し、イスラエルが戦争を宣言した。このイスラエル-ハマス戦争勃発以降、緊張状態はガザ地区に留まらず、周辺国を含めて高まっている。

この問題は後で詳述するトランプ外交に密接に関わっているのでページを割いて解説し

よう。

まずはハマスとイスラエルの関係について簡単に整理する。

19世紀から20世紀にかけてヨーロッパではユダヤ人の迫害運動が起こった。ロシア帝国で多発的に発生したユダヤ人排斥活動は「ポグロム」と呼ばれる。またナチス政権のドイツではホロコーストが行われた。

この結果、ユダヤ人の間で自分たちの国を建国しようという「シオニズム運動」が芽生える。その闘士であるシオニストによってパレスチナを実効支配し建国したのがイスラエルだ。何もないところにいきなりユダヤ人の「国家」を作ったのだから、元々住んでいたパレスチナ人は当然のように抵抗した。

その抵抗の中心勢力がヤセル・アラファト氏率いるＰＬＯ（パレスチナ解放機構）だ。ＰＬＯは１９６０年代から武装闘争に入り、イスラエルとＰＬＯは血で血を洗う戦いを繰り広げる。

イスラム教には大きくシーア派とスンニ派の宗派対立があって、中東の勢力はシーア派のイランと、スンニ派のサウジアラビアが覇権を争う図式だ。とはいえ中東の地に一方的に国家を作ったイスラエルに対する嫌悪感は中東に共通している。

当時の中東諸国とイスラエルの関係を示すエピーソドが、パスポートの入国印である。イスラエルに入国する際にはパスポートのスタンプを別紙に押していたのだが、その理由はアラブ諸国に再入国する際に面倒になるからである。

イスラエル－PLO間の関係が転換するきっかけになったのが、1990年の湾岸戦争だ。

PLOを物心両面からサポートしていたサダム・フセイン率いるイラクの敗北をきっかけに産油国からの支援を打ち切られ、PLOは資金的に困窮。アラファト氏はイスラエルとの対話路線に転向し、1993年にオスロ合意を締結し和平へと舵を切った。

こうしてパレスチナ国が建国され、アラファト氏は初代大統領に就任する。

パレスチナ国はヨルダン川西岸地区とガザ地区から成る。ガザ地区の面積は365㎢で全体の6％程度だが、人口は全体の38％。ヨルダン川西岸地区はパレスチナ自治政府の様々な機関が置かれており、首都がある。

西岸地区の総面積は5660㎢で大きく3つに区分けされている。

・A地区　パレスチナ政府が行政権などすべてを掌握。面積は西岸地区のうち18％の約1

018㎢。
・B地区　イスラエル軍が警察権を握っているが行政権はパレスチナ政府が保有。面積は西岸地区の21％の約1188㎢。
・C地区　イスラエル軍が行政権などすべてを掌握。面積は西岸地区の61％で約3452㎢。

2004年11月11日、アラファト氏が死亡すると、つかの間の平和は崩壊した。リーダー不在の中で上述した3つの地区を保有する歪なパレスチナで影響力を拡大していったのがガザに拠点を置く「ハマス」だ。

アラファト氏の死後、反イスラエル勢力に投資した中心勢力がイランだ。なぜならイスラエルは、イランが敵対するアメリカと緊密な関係にあるからである。

大規模テロ後、アメリカはすぐに空母打撃群を中東に派遣することを発表。イスラエルはイランの支援が中継するシリアの空港を攻撃して、イランからハマスへのロジスティックス寸断を行った。こうした支援や攻撃を不思議に思う人も多いかも知れないがPLOとイスラエルの歴史を考えれば理解できるだろう。

民主党極左は反イスラエル・親パレスチナ

大規模テロ以前、イスラエルは「ハマス」に対して懐柔政策を行っていた。テロ組織を根絶やしにするコストや人的損害のリスクより、懐柔した方が安全に対するコストパフォーマンスが高いと考えたからである。

対するハマスはイスラエルの破壊を公言し、実践してきた。しかしイスラエル軍がハマスを標的にしたのは攻撃を受けた場合か、イスラエルにトンネルを掘るなどしてイスラエルの安全保障が根底から脅かされた場合に限定されていた。

2005年にイスラエルはガザ地区を統治することは不可能と判断。入植したイスラエル人を引き上げさせた。2007年にガザ地区周辺にイスラエルが壁を設置したことで、ガザ地区は「空のある監獄」と呼ばれる。ハマスの台頭は「壁」の建設と同時で、パレスチナ国と対立しガザ地区を武力制圧してしまったのだ。

ところが最近、イスラエルはガザ地区に対する貿易制限を緩和し、水や医薬品、燃料の供給を認めていた。住民を懐柔することでハマスの影響力を減じようとしたからである。

結局のところ「飴とムチ」の「飴」はハマスにまったく機能しなかった。

イスラエルとPLOが武装闘争を繰り広げていた時代、欧米人たちはハイジャックなどのテロに巻き込まれることがあった。再度、血で血を洗う闘争に巻き込まれたくないということで、西側は一斉に「ハマス」による攻撃を「テロ」として非難したのである。

イスラエル、ガザ地区を支配するイスラム主義組織・ハマス、レバノンのイスラム教シーア派組織・ヒズボラ、イエメンの反政府武装勢力・フーシ、イラン、アメリカ、ロシアなどの関係は、次ページ図「イスラエル－ハマス戦争の相関図」にまとめた。

ガザ地区はパレスチナの行政区画だが、ハマスが実効支配している。そのハマスは反イスラル国家、イランと親密な関係にあって支援を受けている構図だ。

2024年7月31日にはイスラエルが、イランに訪問中のハマス最高幹部、ハニーヤ氏を殺害。イランの最高指導者ハメネイ師は「報復は義務だ」と宣言。同国精鋭部隊の革命防衛隊のファダビ副司令官も、

「最高指導者の命令は明快で、可能な限り最良の方法で実行される」

とした。イランとハマス、イスラエルの関係がさらに悪化した場合、カマラ・ハリス氏はどちらを選ぶかに懊悩することになる。

イスラエル–ハマス戦争の相関図

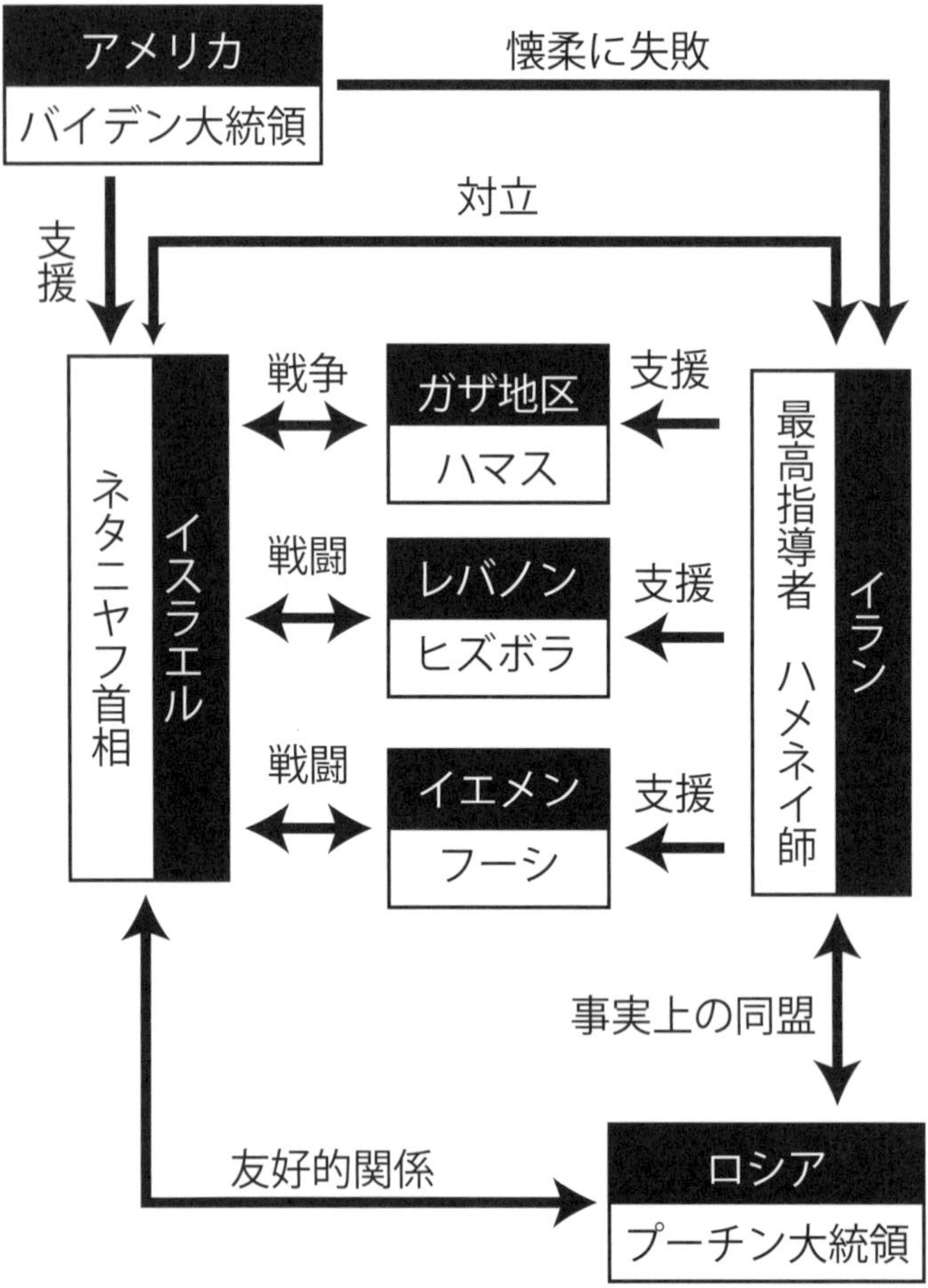

前述したようにハリス氏の中核的な支持母体は極左で、反イスラエル・親パレスチナの立場だ。対して、民主党の主流派及びスポンサーは「ディープステート」と呼ばれるネオコン、エスタブリッシュメント、ユダヤ人たちであり、親イスラエルの立場となっている。緊張が高まっていけばハリス氏が、この二者択一で踏み絵を踏まされる可能性は高い。その返答次第では民主党は大統領選に向けて分裂ということになる。

余談だがトランプ氏の場合は明確だ。娘・イヴァンカ氏の婿・クシュナー氏はイスラエル建国を支援する親イスラエル右派「シオニスト」である。トランプ外交・安全保障については後述するが、エルサレムに大使館を移したのもこうしたバックボーンが影響しているからだ。

すなわち親イスラエル・反パレスチナ、反ハマス一択ということになる。

世論調査があてにならない

2016年大統領選でトランプ氏がローコストで勝利できたのはネットを活用したからである。単純に広告市場だけ見てもレガシーメディアをネットメディアが凌駕している構図は、日本でも同様だ。

またSNSの進化とともに、ネットではリアルライブに耐えられる人しか残れないようになった。録画で作り込んだ映像や戦略も必要ではあるが、それだけでは視聴者が満足しないからだ。

カマラ・ハリス氏、ワルツ氏の二人の候補の共通点は「つまらないこと」である。民主党の支持層の意識高い系ハリウッド住民が盛り上げているだけで、本質の部分である政治の話が面白くない。今後の展開を見る必要があるが、「選挙陣営」が今のままでは選挙戦が瓦解するようにさえ見える。

バイデン同様、ライブに耐えられない可能性は高い。副大統領時代には何もしていないのに等しいわけで、リアルな討論などは会見などで記者を前に行われているが、その結果は、前述のように小泉進次郎氏でも到達できないレベルだ。大多数を前に行われたことはない。

また、2020年大統領選はコロナ禍中のためリモートや録画がほとんどだった。原稿読みはできると報じられているが、それだけで討論は戦えない。都合が悪くなると笑う癖はそこから来ているとしか思えない。

当然のことながら、トランプ氏はテレビ討論を相当、有利に進める可能性が高い。特にイスラエル－ハマス戦争はカマラ・ハリス氏のアキレス腱だ。前述したようにトランプ氏のイスラエルに対する姿勢は一貫している。

このように整理していっても「カマラ・ハリス有利」と言えるだろうか――特に判断を迷わせるのがメディアによる「世論調査」である。

大統領選挙が本格化していけばいくほど、激戦州の世論調査が頻発して行われる。テレビやメディアなどでは全米を対象に調査した支持率を基に予測を行うが、現実的に両陣営が見ているのは51州のうち7州のスイングステートにおける結果に過ぎない。

7州で大敗が確定したので、バイデン大統領は撤退を決めざるを得なかったのだ。民主党内部調査でトランプ氏との差が10ポイント以上違うという、悲惨な結果であったとされている。

ところが2016年大統領選挙の世論調査では、トランプ氏とヒラリー氏の差が5ポイント以上違い、トランプ氏大敗となっていた。メディアが必死にトランプ氏を叩きに叩くので、トランプ氏支持を表明しない人が多かったことが遠因とされている。本音と建前で異なる数字になる可能性が高い。

こうなるとメディアの世論調査を真正面から信用することはできない。

今の米国の世論調査、調査によりまちまちで何が何だかわからない状態になっている。世論調査は世論誘導の道具であり、それを利用している人が多すぎるのが原因だ。そのことで調査対象がまともに答えないようになっていて、不正確性がスパイラル化しているのである。

その証左とも言えるのが、米国の世論調査の誤差率公表だ。以前は多くが誤差率を公表していたが、今は大きすぎて、誤差率という言葉が当てはまらない。これは2016年のトランプ政権誕生以来の変化と言えるだろう。

両政党、両陣営の内部調査を見てみないと正確な票読みはできないということになるし、それは不可能だ。ただしハリス陣営が必死なことは報道を通じても知ることができる。むしろ内部調査結果が悪い裏返しの可能性が高い。

移民問題で無能のレッテルを貼られた

カマラ・ハリス氏の最大の問題とされているのが、現在アメリカを苦しませている移民問題への対応である。

２０１７年に大統領に就任したトランプ氏は特定国からの入国禁止令を発令。２０１８年には非合法の移民を例外なく起訴する不寛容政策を実施し、２０１９年には不法移民の一斉摘発と強制送還などを行った。移民に対して4年間で実施された移民法関連行政措置は実に、４７２件に上る。

バイデン政権では移民に対して政策を緩和した。特に、ベネズエラやホンジュラス、エルサルバドル、グアテマラなど中米からの移民は政治的不安、暴力、貧困から逃れるためにアメリカを目指す。２０２１年以降、メキシコとの国境を越えてアメリカに入国しようとする移民の数が急増したのである。

決定的だったのは２０２０年のトランプ時代に施行された「タイトル42」を、バイデン政権が２０２３年5月11日に失効させたことだ。「タイトル42」はアメリカがメキシコとカナダの国境で、避難を求める人々を含む移民の入国を拒否することを可能にする法律だった。

失効後、移民が急増することになったのは当然だ。単なる移民問題には留まらず「国境危機」と呼ばれ、大きな社会的・政治的な課題となっている。

移民問題は政治において大きな争点だ。共和党は厳しい移民政策を支持し、国境の強化や不法移民の取り締まりを主張。対する民主党はより人道的なアプローチを取ることを提唱している。

バイデン政権でアメリカ南部の国境危機に対応するための政策を担当しているのがカマラ・ハリス副大統領だ。2021年6月、カマラ・ハリス氏は、初の外遊先としてグアテマラとメキシコを訪問。移民希望者に対して「アメリカに来ないで」と呼びかけ、多くの批判を招いた。

極左にあるまじき発言だからである。さらにNBCニュースのインタビューで移民希望者で溢れかえるメキシコ国境を視察しない理由を尋ねられたハリス氏は、

「ヨーロッパもまだ訪問していない」

と的外れな応答をして批判を浴び、政治的に無能とのレッテルを貼られた。慌てて外遊から帰国後に、テキサス州エルパソの国境を視察したが、担当であるにもかかわらず国境の視察は一度だけに留まっている。

バスで移民を移送した結果、政策を転換

大量の移民受け入れの矢面に立たされているテキサス州の知事、共和党選出のアボット氏は、カマラ・ハリス氏の無能ぶりに激昂。2021年から、アボット氏はニューヨーク市やシカゴなど民主党の地盤で、移民に対して寛容な「聖域都市」に、バスなどを使って移民を輸送する「オペレーション・ローンスター」を開始した。特にワシントンD．C．のカマラ・ハリス氏の公邸に送り付けたことは大きな反響を呼んだ。

大量の移民を送り付けられたニューヨーク市などでは移民の受け入れに関する問題が深刻化している。具体的にはシェルターの不足やそれに関連して予算が足らなくなる事態となった。一時滞在先のホテルはマンハッタン中心部に位置し、宿泊費用は通常1泊400ドル（約5万2000円）だからだ。しかも、「ホテルの部屋に調理器具を持ち込んで自炊し、カーペットが焦げた」、「感染症対策を守らない」、「飲酒禁止なのに大量のビールの空き缶が廃棄される」などの苦情の声は日増しに大きくなっていった。

何よりアメリカ市民でも手の届かないサービスを移民に提供することに対して批判が集

まったのである。共和党のバンス副大統領候補は、

「退役軍人がホームレスになり、まともな医療や生活保障を受けられない中で、なぜ不法移民が高級ホテルでぬくぬくと暮らしているんだ」

という表現で批判を繰り返している。

当初、移民を歓迎していたニューヨークのエリック・アダムズ市長は、不法移民の犯罪の増加、コストの急増などから「聖域都市」政策を撤回する考えを示している。

2024年現在、議会下院は共和党が多数派だ。そこで同年1月には米議会下院が、バイデン政権の国土安全保障長官に対する弾劾訴追手続きを開始したほど、深刻な状況である。

ところが2024年3月22日、アメリカのジョージア大学のキャンパス内でレイケン・ライリーさんが遺体で発見された。レイケンさんは元ジョージア大学の学生で現在は関連校に転向し看護学を学ぶ22歳の学生で、キャンパス内をランニングしていた。

翌23日警察はホセ・イバラを逮捕する。ベネズエラ出身のホセは2022年にアメリカに不法入国。一時的に拘束されたものの釈放されニューヨークで生活し、2023年8月にニューヨーク市でバイクの無免許運転で逮捕、同年11月にジョージア州内で万引きで逮

捕された。

2024年3月7日、バイデン大統領は演説で移民政策に言及。ジョージア州事件の犯人を「不法移民」と呼ぶ。ところが、この発言が民主党内の極左派の反感を買う。その結果、翌日の同月8日には、

「私が移民を無礼に扱うことはない」

とトーンを弱め、さらなる批判を浴びることになった。

アメリカの国境危機は大きな政治テーマになっていて2024年大統領選においても大きな争点になることは間違いない。移民を都市部に輸送したことで国境危機から都市危機へと問題のステージが変化し、民主党内でも移民規制が議論されるようになった。ところがカマラ・ハリス氏を支える極左も民主党全体も移民に対して寛容ということで、分裂リスクを含む政治テーマになっている。

この部分についてトランプ氏側は厳しく追及することになるだろう。

SDGsに対する慢性的疲労

アメリカ民主党の極左派の移民政策のように、誰が考えてもおかしいのだけれど、おかしいことが、まかり通ってしまっているのが、リベラルの狂気だ。そして、それを象徴していたのが、２０２４年7月26日に行われたフランスのパリ五輪の開会式ではないか。

世界中から批判されたパフォーマンスは２つある。

一つは、レオナルド・ダ・ビンチの名画「最後の晩餐」を彷彿とさせるパフォーマンスだ。イエスが描かれている食卓中央部分に、レズビアン活動家でＤＪのバーバラ・ブッチさんが立ち、女装した男性「ドラッグクィーン」や、トランスジェンダーのモデルらが周囲の12弟子を表現したのである。

フランスやアメリカのカトリック指導者たちは、この演出がキリスト教を侮辱していると感じ、不快感を示した。バチカンは公式に非難声明を出している。

パリ五輪組織委員会はオリンポス山でギリシャ神の祭りを象徴した場面だと、苦しい言い訳に終始。後日、「人々が不快を感じたのであれば本当に申し訳ない」という謝罪文を発表した。

開会式の芸術監督は、パフォーマンスは最後の晩餐をモチーフにしたものではなく、多様性を祝い、祝宴とフランスの料理に敬意を示すものだったとしながら、

「私の願いは破壊的になることでも、嘲笑したりショックを与えたりすることでもありません」

とし、

「何よりも、愛のメッセージ、包摂のメッセージを送りたかったのであって、決して分裂を招きたかったわけではありません」

と説明した。この意図を伝えることが「最後の晩餐」のパロディであることがおかしいということがまかり通ったということだ。

無理を通す時に唱えられるお題目こそ「多様性」である。

もう一つ批判されたパフォーマンスが「生首演出」だ。

このパフォーマンスは、フランス革命においてギロチンで処刑されたマリー・アントワネットに扮した女性が、自身の生首を抱えて登場し歌うというものだった。

「フランスの狂気」を世界中に知らしめるようなことを平然と行う背景には、極左が一定

の権力を握ったということに尽きる。

特にフランスの異常性はフランス革命という単なる下克上を、正義の革命に美化してしまっている点だ。フランス革命は中産階級の金持ちが、王室に金を払いたくなくて王族の首を取った、という話に過ぎない。庶民が権力に勝利したわけではなく、この時の暴動に庶民が乗っかったのだ。

ところがフランスは、これを「革命」と名付け、成功として定義してしまった。

結果、フランスは「ヨーロッパの中国」と呼ばれてしまうのだ。またそのことでパリ五輪開幕式のような恥知らずなことを平然とやってしまうのだ。

ところがフランス人にとって最大のコンプレックスが、王族がいないことである。

フランス人にとって「王族不在」が最大のコンプレックスであることを知っている日本人は少ない。モナーキーがないので、他のヨーロッパ諸国と対等に扱ってもらえないのだ。

例えばIOC（国際オリンピック委員会）など国際的な会議、組織、団体では、ほとんど〝サー（英：Sir）〟とか〝フォン（独：von）〟といった称号がつく貴族の人たちが名誉職として就き、組織を握っている。

日本も同様で、皇族の方々が国際的な機関の役員に名を連ねているのだ。

政治と王室が分離されているのが現在の政治システムだが、実は王室外交は健在で、時に安全保障に深く関与する。

2022年2月、ロシアはウクライナに侵攻する。この時、ドイツを中心にヨーロッパのエネルギープレゼンスはロシアに握られていた。「エネルギープレゼンス」によってヨーロッパは一枚岩にならないというロシア側の思惑を砕いたのが、王室外交である。スウェーデンは王室を持っており、ロシアに攻撃対象として名指されたことに対して欧州各国の王室が激怒したという。

このことが欧州結束の裏側の原動力になったとされているが、このような動きの中に王室を滅亡させてしまったフランスは入れない。

外交においてフランスはイギリスとライバル関係にある。ところが現在のイギリス国王、チャールズ3世は、ダライラマ14世の最大の支援者だ。かつてキャメロン氏が首相だった時、習近平国家主席を国賓で招いた際も、晩餐会に出席しないなど、強い抵抗を示したことで知られている。

さらに、このことが英国の国是とも言える外交方針「栄光ある孤立」に戻る遠因ともなり、最終的にはブレグジットに連なっていく。

英国は立憲君主国であるが、日本とは異なり、国王は象徴ではなく、国家そのものでもあるからだ。

フランス人にとって王族不在はコンプレックスであるがゆえに、歴史の断絶を成功例として教育を行った。マリー・アントワネットの「生首演出」は、そんなフランス人にとっては成功を喧伝している感覚で行われているのだ。

「権威」、「権力」、「伝統」は軽んじるものであるがゆえに、その集約体である「キリスト教」に対するアンチテーゼが、あの下卑た「最後の晩餐」だ。王族と神官は表裏一体で、ハプスブルグという、十字軍以来のヨーロッパを形作る根幹の部分だからである。

結局カトリックばかりではなく、プロテスタントもオーソドックスもみんな激怒することになった。また世界の多数派である健全な思考を持った人々はフランスの「常識観」を嘲笑することになったのである。

さらにもう一歩踏み込めば、今回のパリ五輪開幕式の一件はフランスの政治と連なっている。

元々フランスは右派、左派の特長がはっきりした国だった。両者を分けるのは社会経済政策で右派は市場を重視、左派は再分配を重視した。ところが新自由主義以降、左右の社会経済政策は接近してしまう。

現在右と左は「移民政策」を軸に対立している。「フランス文化」を維持するためにイスラム系移民を排除しようとするのが右派、多様性を重視してイスラム系移民を受け入れようとするのが左派である。

ところが2024年6月6日からEU（欧州連合）の加盟各国で行われた欧州議会選挙で極右勢力が議席数を伸ばした。中でもフランスでは中道派であるマクロン大統領の支持会派が極右政党に大敗する。そこでマクロン氏は下院に当たる国民議会を解散し、総選挙を決断した。ところが第1回選挙で極右グループが第一党になる事態が発生したのである。

極右から首相を任命したくない――窮したマクロン氏は極左を含む左派連合と連携してしまう。その結果、左派連合が国民議会第一党となってしまったのだ。

この流れに続いて行われたのがパリ五輪だ。「多様性」をゴリ押しするのは政治状況から考えても当然である。一方でパリ以外の田舎の農村部などでは、この「多様性ゴリ押し」を苦々しく感じていたはずだ。

中道を護ろうとして右翼を嫌い、結果、極左に乗っ取られたことでフランス内部が「分断」した。これはまさに前述したアメリカの意識高い系と、古き良きアメリカ人との分断と同じ構造と言えるだろう。

2024年の東京都知事選では蓮舫氏が「意識高い系」を票田にすることを試みた。日本人がフランス人やアメリカ人ほどには愚かではなかったのは、蓮舫氏が惨敗した事実が示している。

皇統の歴史が長い日本にあって国民はフランス人ほど愚かでもなく、簡単に揺るがないということだ。

2022年9月20日にはエリザベス2世の国葬が、2023年5月6日にはチャールズ3世の戴冠式が行われた。日本の皇族はもちろん各国から王族が参列、出席したが、その背後にあるのが「グローバル・ブリテン」だ。

これはテリーザ・メイ元首相が宣言した、

「欧州大陸を越えて、より広い世界の経済的・外交的機会に目を向ける自信と自由を持つ国になる」。

という外交戦略である。よりシンプルに言えば7つの海を制覇した情報と金融を多層化した海洋大国への復活ということだ。実際にイギリスはインド太平洋を中心にアフリカ、湾岸地域、極東アジアなどにおける軍事プレゼンスを増加させながら、経済連携を深めている。

　またロシアの脅威に対して積極的に情報戦を行い、軍事支援などを通じて、内陸部への外交・安全保障プレゼンスを高めている。新冷戦という新たな時代における「栄光ある孤立」実現に向けて、王室は重要な役割を果たしているのだ。

第3章

ザ・シビルウォー2.0

ラストベルトの代弁者

前章最後で王族の価値について整理した。かつてイギリスの植民地だったアメリカには始めから王族が存在しない。1776年に独立を宣言したが、歴史を持つ統治体と呼べるのが、1861年の南北戦争開戦前にできた2つの政党——共和党と民主党である。

当初は南部が民主党、北部が共和党だったが、現在はブルーステート、レッドステートとなっていることは前述した通り。概ね古き良きアメリカ人の共和党と、意識高い系富裕層の民主党という構成になっている。

アメリカの表と裏の顔が政権交代を繰り返しながら変化を続けてきたのが「アメリカ」だ。第二次世界大戦以降、覇権国家となったがゆえに、アメリカの内政の変化に世界中が揺さぶられ続けている。

トランプ氏が大統領になることによってアメリカは分断することになるだろう。その激震は世界を再編することになる。

トランプ後の世界を見通す地図が、大統領選におけるトランプ氏の「公約」だ。公約の解説の前に整理しておきたいのが、副大統領に指名されたJ・Dバンスだ。

バンス氏は自らを国家保守の右派ポピュリストであり、ポスト・リベラル右派の一員としている。ポスト・リベラルとは20世紀後半から21世紀初頭に支配的だったリベラリズムを超えようとする政治哲学だ。

日本人にとってはまったく謎の人物である。中国の台頭によって錆びた工業地帯「ラストベルト」についてては前述したが、バンス氏は「ラストベルトの代弁者」と評されている。

バンス氏は1984年8月2日、オハイオ州ミドルタウンで生まれ、スコットランド系アイルランド人の血を引く。幼い頃に両親が離婚し、母親の3番目の夫の養子になった、幼少期は貧困と虐待に苦しみ、母親は薬物中毒に苦しむ。そんなバンス氏を主に育ててくれたのが母方の祖父母だった。

2003年に高校を卒業したバンス氏は、そのまま米海兵隊に入隊し、ミリタリー・ジャーナリストとして第2海兵航空団に所属した。イラクに6カ月間派遣され、広報部のために記事を書いたり写真を撮ったりした。帰還後はメディア対応を担当。4年間勤務し2007年に伍長地位で退役する。

アメリカの繁栄から取り残された白人たち

軍を去ったバンス氏は退役軍人を支援するプログラム、いわゆる「GIビル」の支援を受けて、2007年9月からオハイオ州立大学に入学。政治学と哲学の文学士号を取得して2009年8月に卒業した。

大学1年の時、共和党の州上院議員ボブ・シューラー氏の下で働く。

オハイオ州立大学卒業後、バンス氏はイェール大学ロースクールに入学する。在学中にエイミー・リン・チュア氏に勧められて回顧録の執筆を開始する。エイミー氏は2011年に子育ての回顧録「虎の母讃歌」を出版した人物である。

2013年に法務博士号を取得してイェール大学を卒業。共和党上院議員ジョン・コーニン氏のスタッフや、ケンタッキー州東部地区連邦地方裁判所判事の法律事務員として1年を過ごす。法律事務所に勤務するが、わずか2年弱で退職。サンフランシスコに移り、ベンチャー・キャピタリストとしてテクノロジー業界で働く。

この間の2014年にイェール大学で出会ったユーシャ・バンス氏と結婚する。ちなみにユーシャ夫人はインド系である。カマラ・ハリス氏もインド系ということで、どちらが勝利しても「インド太平洋」がアメリカの国際戦略の軸になることは変わらないとされている。

そして2016年6月、執筆を続けていた回顧録が『Hillbilly Elegy』として刊行された。日本語訳のタイトルは『ヒルビリー・エレジー　アメリカの繁栄から取り残された白人たち』(光文社)だが、この副題こそ本書の内容を的確に示している。ラストベルトのおける経済的不安と社会的崩壊、そこからくる労働意欲の欠如——回顧録として書かれた悲哀に、多くの「取り残された白人たち」が共感を覚える。2016年8月と2017年1月にニューヨーク・タイムズベストセラーリストの上位に入った。2020年にはNetflixで映像化されている。

そこで、ここまで一介のラストベルト出身のアメリカ人に過ぎなかったバンス氏は一躍、知名度を得ることになったのである。

その2016年には共和党　トランプ氏、民主党　ヒラリー・クリントン氏との大統領選が行われた。予備選においては共和党内でトランプ氏への反対運動が起こるが、実はバンス氏はこの「ネバートランプ運動」の賛同者だった。

翌2017年にトランプ氏が大統領になり、バンス氏は強力なトランプ支持者に転向。「PayPal」の共同創設者にして、「Facebook」の最初の外部出資者として知られるピーター・ティール氏。あるいは、ヘッジファンド「ルネッサンス テクノロジー」の元共同CEO、ロバート・マーサー氏などの支援を受けて、2022年の中間選挙で上院選に出馬し勝利したのである。

イデオロギーとしての反共

上院議員としてのバンス氏が副大統領に指名された背後にある資質がイデオロギー、そして宗教とされている。トランプ氏はビジネスマンの立場から外交を行う。対中強硬政策、安全保障政策もアメリカの国益を「ビジネス」として捉えて行っている。

対するバンス氏はイデオロギーとして「反共」の立場にある。そこでキーになるのがキリスト教「福音派」を始めとする「宗教右派」だ。

伝統的なプロテスタントが衰退する中で、プロテスタント右派である「福音派」が白人ナショナリズムと結び付き2016年大統領選のトランプ票となった。トランプ前政権においては副大統領のマイク・ペンス氏、国務長官のマイク・ポンペオ氏が「福音派」である。

そのペンス氏が2018年10月4日に、アメリカの保守系有力シンクタンクであるハドソン研究所にて行った「ペンス演説」は、その後のアメリカの対中政策のロールモデルとなった。またポンペオ氏はトランプ前政権末期に積極的に外遊を行う。さらにクリーンネットワーク構想を構築。リアル、サイバー空間両面で中国、ロシア、イラン包囲網を構築を推進した。

いずれも福音主義的イデオロギーによるものだ。イデオロギーであるがゆえにブレることがない。トランプ氏の欠点の一つが軍事オプション行使が嫌いなことだ。ゆえに棍棒を使った外交が利かない。イデオロギー型の右派を伴走者にすることで、この欠点を補う構えなる。

バンス氏自身は福音派ではないものの、プロテスタントの「保守的な、福音主義」の一派で育ったことを明かしている。ピーター・ティール氏の影響を受けて2019年には洗礼を受け、カトリックに改宗した。現在のアメリカにおけるカトリックは反LGBTなど多方面で福音派と立場を同じくしている。トランプ氏は大統領時に保守派の最高裁判所判事を指名したが、そのうちバレット判事や、カバノー判事はカトリック保守である。

外交面で再び詳述するが「トランプ」を考える上で「宗教」は一つのキーになる。福音派、カトリックなどキリスト教右派、モルモン教、親ユダヤ教右派、イスラム教スンニ派――いわゆる「宗教ナショナリズム」がトランプ支持者の大きな層となっている。

前述したようにトランプ氏の票田となったのが「ラストベルト」だ。宗教的にも「ラストベルトの代弁者」バンス氏は適任と言えるだろう。

長男と三男が評価

大統領選において副大統領は「伴走者」と呼ばれる。その副大統領候補から最初にこぼれ落ちたのが、前副大統領のマイク・ペンス氏である。政権末期にトランプ氏とペンス氏との関係の亀裂は決定的だった。2021年1月の議事堂襲撃事件の時、トランプ氏がペンス氏について「絞首刑に値する」と発言したことが確認されている。

トランプ氏は2024年3月5日のスーパーチューズデーで事実上、共和党大統領候補となったが、ここに至るまで多くの「トランプ伴走者」の名前が浮上しては消えていった。

2024年初頭には女性か黒人を伴走者に選ぶよう陣営から強く勧められていたことが報じられている。

トランプ氏が「伴走者」として選ぶ第一の基準は「忠誠心」だ。

政治的立場が極めて近いフロリダ州知事ロン・デサンティス氏は候補対象だったものの2024年2月に、デサンティス氏が辞退している。またトランプ氏と大統領選を最後まで争った元国連大使ニッキー・ヘイリー氏は、予備選の最中からトランプ氏支持を拒否していたことから、当初より候補者ではなかったことが報じられている。

2024年6月段階で「ファイナリスト」として名前が上がった人物は、

・ノースダコタ州知事のダグ・バーガム氏
・共和党の有力上院議員のマルコ・ルビオ氏
・黒人上院議員のティム・スコット氏
・J・D・バンス氏

の4人である。

バランスを重視するのか、トランプ色の強さを重視するのかというのが、副大統領候補が決まるまでの、見どころだった。候補者確定は同月の共和党大会まで行われたのである。

マルコ・ルビオ氏とダグ・バーガム氏の落選が伝えられたのは大会直前、最中のことであった。残る二人のうち、バンス氏を高く評価していたのがトランプ氏の最初の妻、イヴァナ・トランプ氏との間に生まれた長男、ドナルド・トランプ・ジュニア氏と三男のエリック・トランプ氏だ。

またイーロン・マスク氏や、著名投資家のデビッド・O・サックス氏。さらにアメリカの保守派政治評論家・作家で、フォックス・ニュースの元司会者にして「トランプ主義の最も有名な支持者」と評されているタッカー・カールソン氏、何より2021年にトランプ氏にバンス氏を紹介したピーター・ティール氏も推した。

また保守系有力シンクタンク、ヘリテージ財団は、トランプ政権交代後の提言をまとめた「プロジェクト2025」を発表しているが、内々にバンス氏がトランプ氏の副大統領に選ばれるよう提唱していたという。

このように数多くの有力なトランプ主義者に推される形でバンス氏が副大統領に指名されることになったのである。

ただしこの「トランプ－バンス」の組み合わせは、民主党が「バイデン－カマラ」で来ることを前提に選ばれた組み合わせだ。いわば「トランプ主義」を前面に押す体制である。

この決定後、民主党ではバイデン大統領が撤退し、カマラ・ハリス氏が選出されたのは前述した通り。相手が「カマラ・ハリス - ワルツ」であれば女性の方が良かったのでは——という声が聞こえてくる。

その女性こそ、最後までトランプ氏と候補を争ったニッキー・ヘイリー氏だ。元国連大使のヘイリー氏は、共和党の中でもやや中間派、すなわちグローバル側という意味で、いわゆる「ネオコン」に近い立場にあるバランス派だ。

トランプが作る世界の設計図

ここから「トランプ後」の世界を分析していこう。トランプ氏は比較的、近未来が見通しやすい政治家である。というのは元々ビジネスマンだったトランプ氏は、「期日を定めたルール作り」を行うことを得意とする。「今やらなければならないルール」、「すぐに取りかからなければならないルール」、あるいは「100日以内にやるルール」がそれだ。

こうしたルールを公的に明示し、その日程に合わせる形で確実に実行に移す。皆さんお馴染みの「ＴｏＤｏリスト」を思い浮かべるとわかりやすい。トランプ氏は課題の優先順位を明確に決めて、公約を明確に守るということを明言している大統領でもある。前回、2017年のトランプ政権誕生後も、このルールに従い、すべてのものが進んでいった。このため、私にとっては非常に予想がしやすい大統領でもある。

いつまでにこれをやるといった期日に加え、課題に対する優先順位が明示されるため、将来こうなるであろうという予測がつくからだ。その「ToDoリスト」こそが大統領選の公約であり、「トランプ後の世界の設計図」でもある。

政策プラットフォームやメッセージの変更は大統領選挙を通じてよくあることだ。大統領選まで時間がない中で交代したカマラ・ハリス氏の公約は「撮って出し」的で変更する時間的余裕も少ない。対してトランプ氏が2024年大統領選に向けて最初の「公約」を発表し始めたのは2022年のことだった。

それは「アジェンダ47」と名付けられた。「アジェンダ47」は動画、あるいは声明によって構成されている。

トランプ氏は2024年の共和党予備選に向けてフロリダ州知事のロス・デサンティス氏、起業家のビベック・ラマスワミ氏、元サウスカロライナ州知事のニッキー・ヘイリー氏らライバルたちと討論を続けた。そうした中で、「アジェンダ47」を発表し始めたのである。

「アジェンダ47」には、犯罪、教育、医療移民、経済などに取り組むための多くの提案が含まれている。例えば、麻薬の売人への死刑判決。愛国心のある教師を認定する資格認定機関の創設といった、いわゆる保守層にとって注目を集めるアイデアが多く含まれていた。ただし大統領選公約として未完成で、例えばヘルスケアなど民主党の目玉政策に対抗する部門については置き去りのままだったのである。

次に発表されたトランプ氏の公約に近いものが、バンス氏をうちうちに推薦したとされる「プロジェクト2025」だ。これは、「2025大統領移行プロジェクト」として知られていて、保守系シンクタンクのヘリテージ財団が2023年4月に発表した。

シンクタンクの提言という形だったが、民主党側は「プロジェクト2025」に含まれるいくつかの極端な政策提案について「独裁制度の確立」などと警鐘を鳴らし、恐怖を煽り始めた。そのことでトランプ氏も「プロジェクト2025」から距離を置く。とはいえ、900ページにも及ぶこの提言集作成に関わった人たちの多くは、トランプ氏やトランプ政権とつながりがあった。

この中に繰り返し記載されているのが国境の安全保障、LGBT権利の抑制、エネルギー支配などである。

そして2024年7月、ミルウォーキーで開催された共和党全国大会に先立ち「アジェンダ47」のウエブページは、共和党全国委員会（RNC）の公式ページとして作り変えられた。トランプ氏はこれまでの「アジェンダ47」を「アメリカを再び偉大にするための20の核心的公約」に集約。その公約はそのまま共和党全国委員会で採用されることになった。「Make America Great Again」――RNCは「アメリカを再び偉大にする」という、トランプ氏の掲げるスローガンをタイトルにして、共和党の公約として承認したのである。

「アメリカ・ファースト：常識への回帰」と題した公約の前文は、アメリカの歴史と精神を称え、現在の深刻な問題に対処するために再びその精神を呼び起こす必要があると主張する。過去の偉業を振り返りながら、現在の政治家たちが国を衰退させたと非難し、トランプ前大統領のリーダーシップを称賛。そして、国境の安全、経済の復活、犯罪の撲滅などを通じて、アメリカを再び偉大にすることを目指すとした。

まさにトランプ後の世界の設計図ということで、次々ページに和訳した前文を掲載する。

就任後すぐに実行する20の公約

「アメリカが団結し、自信を持ち、我々の原則にコミットする時、決して失敗することはない。
今日、そしてともに、祖国への愛、国民への信頼、そして神の恩寵への信頼をもって、我々はアメリカを再び偉大な国にしよう！」

で結ばれる前文では、20の公約が記載されている。共和党側はこの公約を、「ホワイトハウスと上下両院の共和党過半数を獲得した暁には、速やかに達成する以下の20の約束から始まる前向きなアジェンダ」

と、紹介しているが、それは以下である。

① 国境を封鎖し、移民の侵入を阻止する
② アメリカ史上最大の強制送還作戦を実行する

南部国境を確保しなければならない。すでに数百マイルが建設され、見事に機能している。残りの壁の建設は、迅速かつ効果的に、そして安価に完了させることができる。そして、ジョー・バイデンが意図的にわが国への侵入を促した何百万人もの不法移民を強制送還しなければならない。私たちは、最も危険な犯罪者を優先し、地元警察と協力することから始める。バイデンの移民侵略が私たちの国を変えることを許してはならない。阻止しなければならない。トランプ政権と共和党議会のもとでは、即座に敗北するだろう。

常識的に考えて、低インフレの国内製造業がなければ、わが国の経済、さらには軍事装備や物資までもが外国の言いなりになるだけでなく、わが国の町、地域社会、そして国民も繁栄することはできない。共和党は、産業、製造業、インフラ、労働者の党としての原点に戻らなければならない。インフレを終わらせ、製造業の雇用を取り戻すというトランプ大統領の経済政策は、アメリカ経済とアメリカ人労働者が今必要としているだけでなく、彼らが今望んでいることでもある。

インフレを破壊し、物価を急速に引き下げ、歴史上最も偉大な経済を構築し、国防産業基盤を復活させ、新興産業に燃料を供給し、米国を世界の製造大国として確立したいのであれば、米国のエネルギーを解き放たなければならないことは、常識が明確に物語っている。我々は、掘削、ベイビー、掘削を行い、エネルギーに依存しない、さらには再び支配的な国になるだろう。米国の足元には、他のどの国よりも多くの金が眠っている。共和党は、その潜在力を私たちの未来に生かす。

常識的に考えて、強力な軍隊を持たなければ、自国の利益を守ることができず、敵対国のなすがままになることは明らかである。共和党の政策は、アメリカの軍隊が世界最強で最高の装備を持つようにすること、そして政府がその強大な力を、国益が脅かされる明確な場合にのみ、控えめに使うようにすることでなければならない。

常識は、共和党が万人のための平等待遇を支持しなければならないことを明確に物語っている。同様に、共和党は政治的所属や個人的信条に関係なく、すべての人に法の平等な適用を保証しなければならない。最近の民主党主導の政治的迫害は、250年にわたるアメリカの原則と実践を破壊する恐れがあり、阻止しなければならない。

アメリカは、私たちの生存を脅かす核心的脅威、すなわち、破滅的に開放された国境、弱体化した経済、アメリカのエネルギー生産に対する不自由な制限、枯渇した軍隊、アメリカの司法制度に対する攻撃、その他もろもろに対処するために、政府のあらゆるレベルにおいて断固とした共和党のリーダーシップを必要としている。

私たちのコミットメントを明確にするために、私たちは米国民に「2024年 共和党綱領」を提示します！ この綱領は、私たちがホワイトハウスと上下両院で共和党の多数派を獲得した暁には、速やかに達成する以下の20の約束から始まる、将来を見据えたアジェンダです。

第 3 章

ザ・シビルウォー2・0

アメリカ・ファースト：常識への回帰

わが国の歴史は、アメリカを世界史上最も偉大な国家に築き上げるためにすべてを捧げた勇敢な男女の物語で満ちている。何世代にもわたるアメリカの愛国者たちは、強さ、決意、祖国愛といったアメリカン・スピリットを呼び起こし、克服不可能と思われた試練を乗り越えてきた。米国民は、われわれがいかなる障害にも、またわれわれと敵対するいかなる勢力にも打ち勝つことができることを、幾度となく証明してきた。

共和制の黎明期、建国者たちは、当時世界最強の帝国を打ち破った。20世紀、アメリカはナチズムとファシズムを打ち負かし、44年にわたる冷戦の末、ソビエト共産主義に勝利した。

しかし今、アメリカは深刻な衰退の中にある。私たちの未来、私たちのアイデンティティ、そして私たちの生き方そのものが、かつてないほどの脅威にさらされている。この国を明るい未来へと導こうとするならば、過去のあらゆる試練を乗り越えてきたアメリカン・スピリットを今一度呼び起こさなければならない。

何十年もの間、私たちの政治家たちは、不公正な貿易協定とグローバリズムのサイレンの歌への盲信によって、私たちの雇用と生活を海外の高値で落札した。彼らは批判や自らの悪行がもたらす結果から自らを隔離し、国境が蹂躙され、都市が犯罪に蹂躙され、司法制度が武器化され、若者たちが絶望と絶望の感覚を身につけるのを許してきた。彼らは私たちの歴史と価値観を否定した。簡単に言えば、彼らは私たちの国を破壊するために全力を尽くしたのだ。

2016年、ドナルド・J・トランプ大統領は、アメリカ国民の率直なチャンピオンとして選出された。彼はアメリカン・スピリットを再燃させ、国家としての誇りを新たにするよう呼びかけた。彼の政策は、歴史的な経済成長、雇用創出、アメリカ製造業の復活に拍車をかけた。トランプ大統領と共和党は、数十年にわたる失敗したリーダーシップによって引き起こされた悲観主義からアメリカを脱出させ、アメリカ国民がこの国に再び偉大さを求めていることを示した。

しかし、バイデン政権が4年近く続いた後、アメリカは今、猛烈なインフレ、国境開放、犯罪の横行、子どもたちへの攻撃、世界的な紛争、混乱、不安定に揺れている。

私たちの前にこの国を築き、守った英雄たちのように、私たちは決してあきらめない。私たちは、人民の、人民による、人民のための国家を取り戻す。我々は、アメリカを再び偉大にする。

私たちは、真実、正義、常識に基づく国家となる。

常識は、トランプ大統領の言葉を借りれば、「国境がなければ国はない」ということを明確に物語っている。賢明な国境警備と移民政策を取り戻すには、多くのステップが必要である。トランプ大統領が着手した国境の壁を完成させることで、

③ インフレに終止符を打ち、米国を再び手ごろな価格にする
④ 米国を世界有数のエネルギー生産国にする！
⑤ アウトソーシングをやめ、米国を製造大国に変える
⑥ 労働者への大幅減税、チップへの課税を廃止する！
⑦ 憲法、権利章典、そして言論の自由、信教の自由、武器を所持する権利などの基本的自由を守ろう
⑧ 第3次世界大戦を阻止し、ヨーロッパと中東の平和を回復し、わが国全土を覆う巨大なアイアンドーム・ミサイル防衛シールドを構築する
⑨ アメリカ国民に対する政府の兵器化に終止符を打つ
⑩ 移民犯罪の蔓延を阻止し、外国人麻薬カルテルを解体し、ギャングの暴力を粉砕し、凶悪犯罪者を監禁する
⑪ ワシントンDCを含むわが国の都市を再建し、安全で清潔で美しい都市を取り戻す
⑫ 軍隊を強化・現代化し、間違いなく世界最強の軍隊にする
⑬ 米ドルを世界の基軸通貨として維持する
⑭ 定年年齢の変更も含め、社会保障と医療保険を削減することなく守り抜く

⑮電気自動車の義務化を中止し、費用のかかる負担の大きい規制を削減する
⑯批判的人種論、急進的ジェンダー・イデオロギー、その他不適切な人種的、性的、政治的内容を子供たちに押し付ける学校への連邦政府資金を削減する
⑰女性スポーツから男性を締め出す
⑱ハマス過激派を国外追放し、大学キャンパスを再び安全で愛国的なものにする
⑲同日投票、有権者の身分証明、紙の投票用紙、市民権の証明など、選挙の安全を確保する
⑳新記録を達成することで、我が国を団結させる

2024年8月12日、イーロン・マスク氏は自身が所有するSNS「X」でトランプ氏をインタビューした。そこで、このリストを宣伝している。

アメリカの半分ではなく全体で勝つ

この公約をより具体的に分析していけば自ずと「トランプ後」の世界が見えてくるのだ

が、先に注目したいのが「中絶」である。今回の選挙におけるトランプ氏の特長は「中絶」についてほとんど触れてない点だ。

「中絶」は宗教右派の票田となる政治テーマだが、それを掲げることで「半分のアメリカ」を失うことになる。実際にトランプ氏は2024年7月の共和党大会で、こう宣言している。

「私はアメリカの半分ではなく、アメリカ全体の大統領になるために立候補します。アメリカの半分のために勝っても、勝利はないのです」

南北戦争はアメリカの歴史ではたった一回起こった内戦である。ゆえに「The Civil War」と表記される。2024年大統領選でトランプ氏が目指すのは「Civil War2.0」とでも呼ぶべき内戦だ。分断されたアメリカの世論を再び統一し、全体で勝利し「強いアメリカ」を復活させるのである。

この大きな目的のために政治ツールになりがちな国家的中絶禁止を避け、政策決定については州に委ねるべきだというところで落ち着かせている。かつてのトランプ氏にあった荒々しい言葉をあえて封印して2024年大統領選に挑んでいるところに政治家としての成長があると言えるだろう。

このソフト路線戦略の中にあるのが民主党が長い間「票田」としてきた各種労働組合票の切り崩しである。

2024年8月19日に開催された民主党全国大会では、アメリカ最大規模の労働組合を代表するリーダーたちがカマラ・ハリス氏への支持を示した。ところが労働組合が一枚岩でないことを示す事件が、この一カ月前に起こったのである。

全米トラック協会、通称「チームスターズ」は1903年に発足した全米最大手労組の一つだ。トラックやタクシーの運転手を中心に運輸・商業部門そのほか関連分野の労働者を組織している。ところが現組合長のショーン・オブライエン氏は7月の共和党全国大会で演説。さらにトランプ氏の邸宅マー・ア・ラーゴで会談し、20年ぶりに共和党に多額の寄付を行った。

例えば労働組合の全国ブラック・コーカスはハリス氏支持を明確にしている。ところが、バイデン氏が辞退する前に実施された内部世論調査によると、組合員の支持率が実は拮抗していることが判明した。トランプ氏支持は37％だったのに対し、バイデン大統領支持は約45％だったと報じられている。

前述したように世論調査があてにならなくなっている理由の一つが、この「組合内の本音と建前の差」ある。労働組合に加盟している労働者で、トランプ支持者は許可なく発言したことによる報復を恐れているからだ。

全米トラック協会はこれまでと違って支持者を拘束しない方針だ。組合トップの熱狂と組合員の支持の間で分断が起きているのは、ソフト路線の成果と言えるだろう。

史上最大規模の電撃移民作戦

前掲した「20の約束」の冒頭に登場するのが移民対策である。トランプ政権は国境の壁建設を再開する。現在海外に展開中の米軍を国境周辺に再配備し、南側からの移民の侵入を防ぐ。また特定のイスラム教徒が多い国からの入国禁止を復活させるとしている。

このように侵入を防止する一方で、すでにアメリカ国内にいる非正規滞在者を広大な規模で一網打尽にする予定だ。国外追放を待つ間は、広大な収容所に留置するとされている。「アメリカの現代史で見たことのない規模の移民攻撃となる」

とニューヨーク・タイムズで報じられている。トランプ氏のアドバイザーが、この「電撃作戦」を準備していることを認めている。

実はこの計画は2016年大統領選挙に向けた中で公約としてすでに発表されている。モデルにしているのがアイゼンハワー政権が1954年に行った、移民の強制送還作戦だ。トランプ前政権では党内反トランプ派の反対が強く実現には至らなかったが、現在ではそうした勢力はほぼ一掃されている。アイゼンハワー時代にすでに実行されたことから、法改正の必要もなく、即座に実行可能とされている。

トランプ政権は移民税関捜査局に地元の警察官や保安官、アルコール・タバコ・火器・爆発物局の捜査官、麻薬取締局の捜査官を配置転換させて拡充。さらに共和党の州（レッド・ステート）から志願した州兵を任命する。

連邦議会が予算計上を拒否した場合は、軍事予算から転用。不法移民は拘束後にテキサス州の国境近くの大規模な収容所に連行され、そのまま送還される予定だ。

トランプ政権は子供の無期限拘束を防ぐフローレス和解案を覆そうとするほど厳しい対応を行う計画である。

また反イスラエル、あるいは親パレスチナのデモに参加した留学生のビザを停止すること。アメリカの難民プログラムを一時停止すること。望ましくない態度をとるとみなされた申請者のイデオロギー審査を拡大するよう米国領事当局に指示することとした。

特にアフガニスタンに対しては厳しい対応を行う予定だ。

2021年のタリバンによるアフガニスタン占領後にアメリカに移住したアフガニスタン人を含む米国在住の個人に対する一時的な保護資格を剥奪すること、一方、アフガニスタンに協力した人々に対する一時的な保護資格を剥奪し、米軍がアフガニスタン人を「再調査」するという。

この短期的な移民対策とは別に中長期的な移民政策を行う。現在、不法滞在者であってもアメリカで生まれた子供は米国市民権を自動的に得ることになっている。トランプ政権では「不法滞在者の将来の子供たちが自動的に米国市民権を得ることはないことを連邦政府機関に明確にする」という大統領令に署名するという。この命令により、「バース・ツーリズム」とそれに伴う「連鎖的移民」を抑止することができる。

そもそも米国の市民権は「アメリカで生まれ、かつアメリカの『管轄権に服する』者にのみ及ぶ」ことが条件だ。「管轄権に服さない不法滞在者」の子供たちは「パスポートや社会保障番号を発行されるべきではなく、税金で賄われる福祉給付金を受ける資格もない」とトランプ側は主張する。

またトランプ氏は2024年の大統領選期間中に、

「福祉は世界中から人々を引き寄せる巨大な磁石だ」と繰り返し訴えている。政権成立後には不法移民への生活保護を廃止し、バイデン政権による仮釈放権の乱用を停止。不法入国者を公営住宅に入居できなくする措置を復活させ、不法入国者に対するすべての労働許可を停止することも含まれる。

さらには議会に医療と社会保障に対し、「今後いかなる大統領も、このように福祉給付金を分配する権限を乱用することを阻止する」法案を送るよう要求するという。

脱グローバリズム

世界の覇権国アメリカの激震は、世界に波及することを書いた。その意味でトランプ氏の移民対策は単にアメリカの内政問題に留まらない。それどころかトランプ氏の政策は「文化衝突」を発生する引き金になる。

まさに世界再編だ。

この移民対策も、マクロ的視点に立って解釈すれば冷戦構造崩壊後に支配的だったグローバリズムからの転換――すなわち脱グローバリズムである。

順を追って説明する。

第一次世界大戦でヨーロッパは困難の時代に突入した。敗戦国ドイツは莫大な賠償金を負い、選挙によってナチス政権が選ばれファシズムとナショナリズムによって国力の回復を目指す。

そのドイツの侵攻によって第二次世界大戦が勃発した。

第二次世界大戦終戦直前の米英ソ連によるヤルタ会談で戦後の支配域の密約が結ばれ、地政学的な東西冷戦構造の枠組みができあがる。戦後の世界の安全保障システムは国際連盟から国際連合へと変わった。

「自由主義」と「社会主義」という価値観を生み出す文化が相容れることはできず、枠組みとしての「冷戦」が、米ソを中心とする東西の「文化対立」としての冷戦になったのだ。

それ以降、冷戦構造下で、世界は東西という2つのブロック経済によって分断した。2つの巨大な経済体が、まったく違う方向性で世界を動かしてきたのである。

ヨーロッパは東西構造の接点になり、いわば「スープの冷めない距離で別居する」という状態になったのだ。

冷戦構造下で人類は「社会主義」と「資本主義」のどちらが「豊かさ」を実現するのか

という壮大な実験を行ったとも言える。

疲弊したのは東側で持続的な経済的な困窮に陥った。

そして1989年12月に、地中海のマルタ島でソ連のミハイル・ゴルバチョフ書記長とアメリカのジョージ・H・W・ブッシュ大統領（いずれも当時）が会談。冷戦終結宣言が行われた。

「1つのルール」を破った中国

冷戦終結後、ソ連は資本主義化を推し進めたが、それはソ連がソ連である文化的アイデンティティの放棄を意味した。結果、1991年にソ連が崩壊し東西の壁はなくなることになる。

こうして世界は「1つのルール」に基づいて動き始めた。「1つのルール」とは「グローバルスタンダード」と呼ばれたが、アメリカの単独覇権ということで「アメリカンスタンダード」とイコールだったと言えるだろう。

「グローバルスタンダード」に基づいてできた「グローバリズム」は「ヒト・モノ・カ

ネ」の移動の自由を理想とする「イズム」で、世界体制は「グローバリズム」に従って再構築された。しかし「自由」は「無政府状態」（アナーキズム）ではない。グローバリズムで「ヒト・モノ・カネの移動の自由」が成立する前提は「1つのルール」を守るということだ。

実はこの「1つのルール」を最初に破り始めたのが中国だった。

冷戦構造下で西側は「自由貿易」による発展を目指して、1947年に「GATT」を締結する。「GATT」は「General Agreement on Tariffs and Trade」の略で「関税及び貿易に関する一般協定」である。

冷戦崩壊後の1995年にはGATT体制を発展解消させて、「世界貿易機関を設立するマラケシュ協定」が成立。グローバリズムに合わせた新たなGATTを組み込んだ国際機関「WTO（「World Trade Organization」の略で、「世界貿易機関」）が設立された。

そして2001年12月、中国はWTOに加盟する。

加盟以前の中国の輸出入の貿易総額は世界全体の3・6％だったが、加盟後、「世界の工場」として輸出を伸ばし、関税引き下げによって輸入も増加することになる。

このWTO加盟にあたって中国が西側と交わした約束が、「完全な貿易の自由化」、つまり中国共産党の一党支配から「アメリカンスタンダード」への構造変換だった。

もちろんこの約束は現在まで守られていない。

IMF（国際通貨基金）は加盟国が外貨不足に陥った際、それを補完する資産「SDR」（「special drawing rights」の略で「特別引出権」）制度を設置している。SDRはドル、ポンド、ユーロ、円で構成されていたが、2016年に中国人民元が構成通貨に採用された。この時、中国が西側と約束したのは為替の自由化と、資本移動の自由化だった。

もちろんこの約束も守られていない。

すなわち中国は片方でグローバリズムの恩恵を得ながら、一方で「自由貿易」「為替の自由化」「資本移動の自由化」という「1つのルール」に対する約束を守らず「ナショナリズム」に走り続けたということだ。

これが中国の「成長」の実像である。

文化衝突ドミノ

しかも2012年に習近平国家主席は「中国の夢」をスローガンに掲げた。中国は漢、唐、明の時代に陸路でローマ帝国まで、海路でアフリカまで進出したと自称している。その勢力圏を取り戻すことを「中華民族の偉大な復興」としたのだ。

もちろん中国は漢民族と少数民族で形成されていたのだから「中華民族」などという「民族」は存在しない。つまり現在の中国が「世界を支配する」と宣言したということだ。

実際に中国は海洋方面では南シナ海、そしてアフリカにまで進出し北極圏、南極圏まで展開する意図を隠さない。さらに陸路を開拓してヨーロッパまでプレゼンスを延ばした。

習近平国家主席はこれを「一帯一路」と名付け中国の国家戦略として発表している。だが「一帯一路」は海の（一帯）と陸（一路）の両面から、植民地を作る21世紀に復活した「ネオ・コロニズム」だ。

「グローバリズム」から「1つのルール」を破るネオ・コロニズムによって中国は「世界支配」を実行しているのである。

西側とまったく違う「新たな文化」が、「1つのルール」と同時に成立することはあり得ない。オバマ政権末期にアメリカと中国の間で文化摩擦が発生し、2017年に成立したトランプ政権で「文化衝突」へと本格化した。

東西冷戦時代に世界を分断したのはソ連の「鉄のカーテン」だったが、今度は中国の

「バンブー・カーテン」によって世界を分断することになったのである。

西側と中国の「文化衝突」が激化し、台湾海峡を巡ってデカップリングが行われるのが本来の流れだった。

そこに割り込んできたのがロシアだ。

2022年2月4日、ロシアがウクライナを侵攻。G7が中心になってロシアに経済制裁を科す。この制裁によってロシアは国際社会から孤立するはずだった。ところが北朝鮮、イラン、そして中国を中心として南半球の開発国を取り込んだ新たな経済圏が構築されることになった。

いわゆるグローバルサウスである。

台湾海峡に文化衝突はフォーカスするはずだったが、バイデン外交の失敗によりヨーロッパ（ウクライナ侵攻）、中東（イスラエル－ハマス戦争）へと戦禍が拡大した。

再び二つの価値観がぶつかり合う「文化衝突」の時代に突入したと言えるだろう。トランプ氏による移民対策は、「脱グローバリズム」すなわち「インターナショナリズム」時代への転換の象徴とも言えるのである。

第4章

脱SDGs社会の実現

脱グリーン政策

トランプ氏は長年にわたり、気候変動に対する信念について様々な疑義を呈してきた。「X」がTwitterだった2011年から2015年の間、トランプ氏は気候変動を否定するツイートを合計115回行っている。2016年の選挙戦当初、トランプ氏は、気候変動はデマであり、中国が気候変動の神話を利用してアメリカより優位に立とうとしている、環境保護主義者は気候変動を利用している、と述べている。

ただしトランプ氏はインタビューなどで、気候変動が発生していることを否定はしていない。「何かが変化している」としながら気候変動が人類によって引き起こされていることには疑問を呈し続けている。さらに気候変動は自然のサイクルの一部であり「戻る」可能性があると推測し、科学者には政治的意図があると主張し続けている。

2020年9月、トランプ大統領は、気候変動の影響を説明した国防総省の報告書を、当時の大規模な冬の嵐を指して嘲笑した。

しかし、2022年3月のFoxとのインタビューで、トランプ氏は気候変動はデマであり、気候は自然に変動すると再び述べ、1920年代の地球寒冷化の懸念に言及した。選挙戦では、温室効果ガス排出削減の取り組みであるグリーン・ニューディールを嘲笑し、気候変動の影響はあと200年から300年は起こらないと誤って述べた。2024年の大統領選出馬中、トランプ氏は人為的な気候変動は捏造であると繰り返し、クジラの死は風力タービンが原因であると虚偽の主張を行った。

化石燃料社会の復活

2016年大統領選の時と同様に、トランプ氏は気候変動否定を掲げている。演説では、

「ドリル、ベイビー、ドリル」

「ドリル、ドリル、ドリル」

と繰り返している。バイデン政権の「グリーン政策」とは真逆に公有地での石油掘削を激増。石油、ガス、石炭の生産者に減税措置を提供することを約束している。さらにアメリカを世界一のエネルギー生産大国にして、米国が世界のどの国よりも電気代とエネルギー代が安い国になるという目標を掲げた。

エネルギー政策の一環として電気自動車構想を撤回し、2030年までに新車の54%を電気自動車にすることを義務付ける排出規制案を取り消すことも約束した。電気自動車を支援する政策を打ち出し、メキシコから輸入される電気自動車に100%の関税を追加する方針だ。

前政権時と同様にパリ協定からの離脱は既定路線だが、また風力補助金の廃止、白熱電球、ガスコンロ、食器洗い機、シャワーヘッドを対象とした規制の撤廃を提案している。

特に再エネについては厳しい対応をとることが確実視されており、大統領就任「初日から」すべての洋上風力発電プロジェクトを停止すると宣言している。

気候変動枠組条約からアメリカを離脱させる大統領令草案を作成済みだ。すでにトランプ氏は大統領在任中に、地球温暖化排出量を削減するために策定された125以上の環境規則や政策を取り消したことがある。

公約には組み込まれていないものの環境保護庁への資金提供の削減、環境保護庁の閉鎖を考えているという。また、エネルギー省の再生可能エネルギー部門をすべて廃止すると公言している。

アメリカでは2024年3月に米証券取引委員会が、気候変動に関する情報開示を義務付ける規則を承認したが、トランプ政権はこれを廃止する見込みだ。

また製品、サービス単位の二酸化炭素排出量を見える化する仕組みを「カーボンフットプリント」という。トランプ政権では気候変動リスク、気候変動リスク管理方針、上場企業によるカーボンフットプリント会計などもすべて廃止。さらには環境、社会、コーポレート・ガバナンスの要素を考慮せず、金銭的利益のみを考慮するよう企業に対して求める。

反SDGs社会の実現

このように次期トランプ政権は「グリーン政策」を徹底して規制し、反SDGs社会の実現を目指す。これはトランプ氏の個人的な思惑からではない。バイデン政権が推進した「グリーン政策」が現在、アメリカを中心に世界を苦しめているインフレーションを持続させてしまうこと。さらには世界的な安全保障へのリスクを上昇させているからだ。

ページを割いて解説する。

2020年大統領選を境にしたESG投資の盛り上がりを説明する典型例が「パリ協定」である。

パリ協定とは、2020年以降の気候変動問題に関する、国際的な枠組みだ。1997年に定められた「京都議定書」の後継となる枠組みで、2015年にパリで開かれた第21回 国連気候変動枠組条約締約国会議（Conference of the Parties = COP21）」で採択された。

パリ協定は地球温暖化を産業革命前と比べ2℃以下を目標とし、1・5℃以下の達成を掲げた。この実現のために、各国は自主的に温室効果ガスの削減目標を設定。5年ごとに見直すことになった。

2017年6月1日、当時、アメリカ大統領だったドナルド・トランプ氏が、アメリカのパリ協定からの脱退を表明。規定に従って2019年11月4日、トランプ政権はパリ協定からの脱退を正式に通告。その結果、アメリカは2020年11月4日にパリ協定から正式に離脱することになった。

その2020年にアメリカでは大統領選挙が行われたのだが、民主党の候補者、ジョー・バイデン氏は選挙中からパリ協定復帰を公約にする。米国の気候変動への取り組みを強化し、世界のリーダーシップを回復すると主張し気候変動を目玉政策としたのだ。

大統領選挙を勝利したバイデン氏は、大統領に就任した直後の2021年1月20日にパリ協定への復帰を決定し、国連に通知。同年2月19日にアメリカの正式復帰が認められることになったのである。

コロナ禍の金融緩和

ここで押さえたいのが2020年からの国際金融の状況だ。

新型コロナウイルス感染拡大の中で、人の移動が制限された。各国のGDPの中で大きなウエイトを占める「消費」が激減するのは明らかだということで、2020年1月下旬から世界各国の株価は大きく暴落することになる。

この時生かされたのが、2008年9月にリーマンブラザーズが破綻したことによるリーマン・ショックへの対応だ。リーマン・ショックは世界中の社会に巨大な経済的ダメージを与えた。この未曽有の厄災で得た教訓が、現在の金融システムは巨大なショックが起こるとドル不足が起こり硬直するということだったのである。

コロナ禍の株価暴落では、まさにリーマンと同様の「硬直」が起こるリスクが極めて高くなった。そこで2020年3月19日、アメリカの中央銀行FRSの意思決定機関FRB

が従来のドル供給構造に加えてオーストラリア、ブラジル、韓国、メキシコ、シンガポール、スウェーデンの中央銀行と各600億ドル、デンマーク、ノルウェー、ニュージーランドの中央銀行と各300億ドルのスワップ協定を緊急に締結する。

このFRBの動きにアメリカ、イギリス、ドイツ、フランス、日本、イタリア、カナダの主要先進国「G7」も連動。20年3月24日、G7の財務大臣・中央銀行総裁が、「G7各国の中央銀行は、それぞれのマンデートと整合的に、経済及び金融の安定性を支えるための金融政策上の措置の包括的パッケージを導入するため、異例の行動をとっている。我々は、G7及び他国の中央銀行の間のスワップ・ラインを含め、流動性及び金融システムの全般的な市場機能を向上させるための行動をとっている」

という声明を出して、ドル供給の連動をアナウンスした。

大量出血によってDOA（Dead Or Alive　死ぬか生きるか）に陥った患者に、大量輸血をするようなものだ。リーマンの時には処置が遅れたが、今回は出血点がわからなくても、まずは大量輸血による救命を選択したのである。

世界中の中央銀行が通貨を刷ったものの余ったマネーの流入先は不在という歪な状況が生まれる。その巨大流入先の一つが金融市場だ。

もちろんグリーン投資も流入先の一つとして世界中が注目。気候変動対策を「目玉政策」に掲げ、パリ協定にアメリカを復帰させたバイデン政権が誕生したことでSDGsバブルが発生した。

SDGsなる理念があって、理念で儲かると思った投資家グループがそれに乗っかった構図だ。だが投資家たちの動機は「地球環境の改善」などではない。「グリーン」が民主党政権の巨大利権で、確実に儲かる投資先だったからに過ぎない。

SDGsバブル崩壊と密接な関連性があるということで、アメリカ民主党利権とグリーン利権についてさらに解説を続ける。

気候変動政策は持続できない

環境問題を公約にしたバイデン氏は大統領就任直後に「パリ協定」復帰の大統領令にサインをした。前述したようにバイデン政権がモデルにしたのがオバマ政権である。そのオバマ政権では、再生可能エネルギーを国家規模の経済政策にする「グリーン・ニューディール政策」が行われたが、それが復活するということだ。

SDGsバブルを象徴したテーマ株の一つがEV（電気自動車）で、バイデン氏の勝利からEV関連株は上昇を続けた（次ページ図「大統領選とテスラ株」参照）。「環境」という聞こえのよい言葉と株価上昇の材料を提供したことで、新グリーン・ニューディール政策はよい方向に受け入れられている雰囲気だが、そもそも持続可能な政策になるかどうかは、この時点から疑問だった。

第一の理由は新グリーン・ニューディール政策がアメリカの国力にとってマイナスである点だ。

2010年以降にアメリカが手に入れた最も強力な武器こそ、それまで採掘不可能だったシェール層からガスと石油を取り出す「シェールガス」である。

シェールガスは1990年代から研究が進み、オバマ政権第一期で量産化を実現。アメリカは世界最大の産油国となる。シェール以前のアメリカは石油を中東に依存するしかなく、それゆえ米軍は多くの軍事費を投下し、米兵の命を犠牲にして中東を安定させ、シーレーンを維持してきた。

2015年には当時、大統領だったオバマ氏が原油輸出を解禁する法案に署名。アメリカは40年ぶりに石油輸出国となる。

大統領選とテスラ株

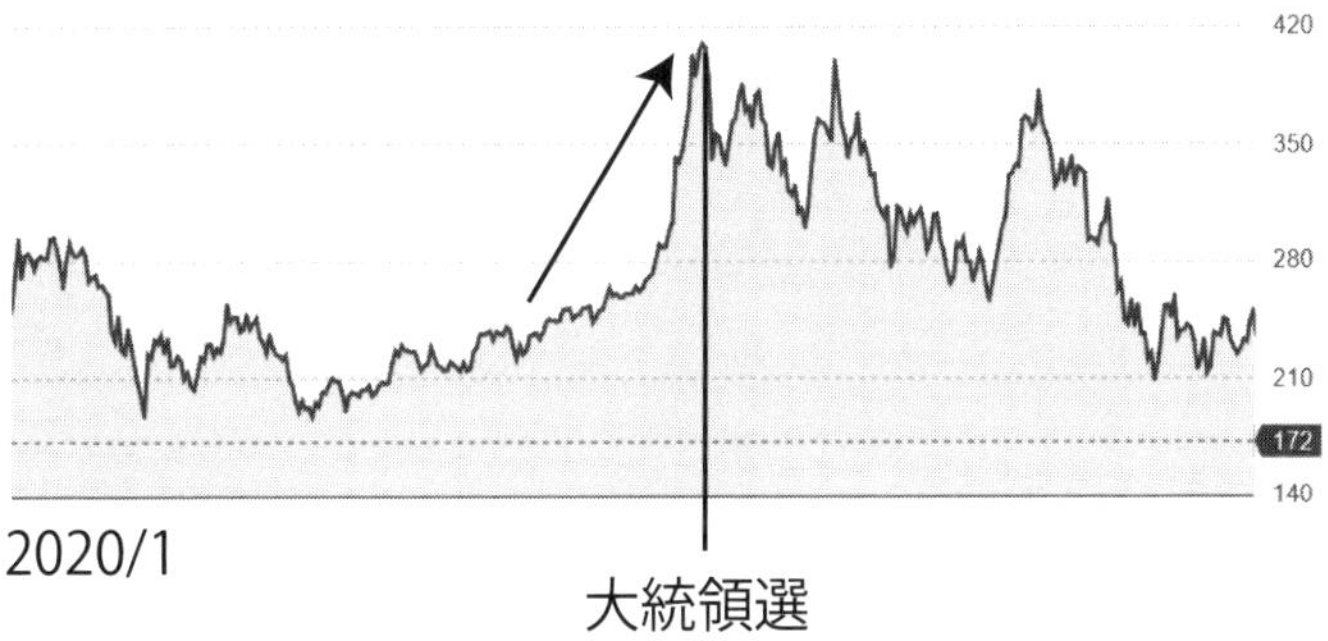

このことはドルに影響を与えた。

1944年7月に締結されたブレトン・ウッズ協定によってアメリカのドルは基軸通貨となった。当時は通貨の価値を保有する金によって担保する金本位制だったが、第二次世界大戦の混乱の中で世界の多くの金がアメリカに移動してしまったからだ。結果、石油や穀物を始めとする戦略物資の決済をドルが支配し、今日まで続いている。

石油決済を支配することがドルの価値であり、その価値が脅かされるたび、アメリカは軍を中東に派遣して積極的に介入してきた。シェールガスによって自前で産油できるようになったことで、アメリカの中東に介入する必要性は低下した。

2011年にはシリアで内戦が勃発するが、アメリカは積極的に関与をしなかった。シェール以前のアメリカなら積極的に介入したはずだ。

石油はいわばドルにとって「利権」である。対して新グリーン・ニューディールは化石燃料を否定する政策だ。石油を自国生産することでドルは一段と強い通貨となったが、その強力なストロングポイントをアメリカが自ら放棄することは考えにくい。

元祖グリーン・ニューディール政策は、2008年大統領選の時、リーマン・ショックへの対策としてオバマ氏が目玉政策として公約にした。しかしシェールの開発が進むとともにグリーン・ニューディールはなかったことにしてしまったのだ。

オバマ政権でさえ、「石油」というドルの利権を捨てることはできなかったのだから、バイデン政権がそれを実現できるのかは不透明である。

第二に石油の代わりとなるエネルギー、「電力」の問題だ。

カリフォルニア州は1992年に電力を自由化したが、2000年から電力の供給が不安定になり、停電が頻発するようになった。現在でも自由化と非自由化の州が混在しており、カリフォルニア州で2020年にも大停電が起こったように電力供給が不安定な州もある。

太陽や風など人間では制御できないエネルギーから電力を生むことが、さらなる不安定化の要因になるのは当然だ。

第三が雇用の問題で、アメリカの石油産業はGDP（国内総生産）の5・6％、1000万人以上の雇用を支える巨大産業だ。この規模の雇用を他の産業で吸収するのは難しい。

発売される気配さえない売れ筋EV

バイデン政権によってEVバブルが発生したが、アメリカの自動車業界にとって利益になるのかは疑問だった。

大前提としてアメリカの自動車市場は、日本の市場とまったく違うからだ。

日本の2021年の登録車新車販売台数は約213万5000台で、そのうちSUVは65万1093台。商用車を除く登録乗用車に占めるSUVの割合は30・4％で、初めて30％を超えた。

一方、アメリカの2021年の新車販売は約1508万台で、そのうちSUVは約726万台だった。商用車を除いた新車販売に占めるSUVの割合は約48％である。アメリカでは新車販売の2台に1台がSUVということだ。

ところがアメリカでは、そのSUVの人気車種を超えて売れているのがフォードの「Fシリーズ」、ラム「ピックアップ」、シボレー「シルバラード」といった大型のピックアップトラックだ。

GMが2018年に開発した大型軍用車「シボレー・コロラドZH2」は水素を利用する燃料電池車だ。大型の車のEV化はしばらく不可能で、できてもせいぜいHV（ハイブリッド）か、FCV（水素燃料車）までだ。

それでもアメリカの自動車メーカーがEV開発を謳うのは、株価上昇の材料にしているとしか思えない。その株価上昇を支えた背景は、前述したコロナ禍の金融緩和で余ったカネが株式市場に流れていることだ。

そもそもEVはモーターとシャシー（車体）という単純な構造で「大きなリモコンカー」に過ぎない。中国で生産できるのも、その単純な構造が理由だ。すなわち雇用を支えることはできない。

ところが2021年8月5日、バイデン大統領は、2030年までに新車の半数以上をEVやFCVとする目標を掲げた大統領令に署名。また、2021年12月8日には、連邦政府車両の購入について2035年までにすべて排ガスゼロ車（ZEV）とすることなどを定めた大統領令に署名した。

「全新車はEVのみ」というEVシフトを義務化すれば、自動車産業が衰退するのは明らかだ。民主党の強力な支持母体であり、約40万人もの組合員をもつ全米自動車労働組合が、いずれ政権に圧力をかけることになる。

それでもバイデン政権が環境を政策にする理由

これだけアメリカの国益に対して多くの問題がありながら、なぜバイデン政権は「環境」を政策とするのか――夢の政策を推進する動機の深層には「巨大利権」という生々しい現実がある。

民主党で本格的に地球温暖化を政策に取り入れたのはビル・クリントン政権で、中心人物となったのが副大統領を務めたアル・ゴア氏である。たとえばクリントン政権では、温暖化防止効果があるとしてトウモロコシなどを原料としたバイオエタノールの導入推進を国家戦略として位置づけた大統領令を発令。バイオ燃料を使ったクリーンディーゼルの開発などによって、バイオ燃料バブルが起こった。

2000年大統領選に民主党代表として立候補し敗れたゴア氏は、政界から距離を置き、環境活動家として環境ビジネスに進出する。

2006年には自らが脚本、主演を務め気候変動の現状と危機を伝える『不都合な真実』というドキュメンタリー映画を制作。第79回アカデミー賞長編ドキュメンタリー映画賞・アカデミー歌曲賞を受賞。このことで2007年には環境活動についてノーベル平和賞を授与されたのである。

一方でゴア氏は炭素取引市場、太陽光発電、バイオ燃料、電気自動車、持続可能な養殖、水なしトイレなどに投資をするファンドを立ち上げる。築いた富は巨万で2009年11月にはイギリスの「デイリーテレグラフ」が、「アル・ゴアは世界で最初の炭素長者になった」(Al Gore could become world's first carbonbillionaire)と題した記事を発表。2000年の選挙敗北後に1200万ポンド(約18000万円)だったゴア氏の資産は、「環境」によって、推定6000万ポンド(約90億円)にまでなったことが明らかになった。

またゴア氏は2005年にケーブルテレビチャンネル「カレントTV」を創設したが、2013年にはカタールのアルジャジーラTVに「カレントTV」を売却。化石燃料を批判しながら、産油国から利益を得た行為に批判が集まった。

ゴア氏は「環境政策」が莫大なカネを生み出すことを体現したのだ。以降、「環境政策」は民主党の一部の巨大な利権となった。

環境政策がきれいごとに過ぎないことは、2019年にはリベラル派の代表格の映画監督、マイケル・ムーア氏が「Planet of the Humans」で示した。同作品では風力、太陽光などの発電が気候変動に寄与しないどころか、地球環境を汚染していることが映像化されている。

炭素協定から共和党が離脱する理由

前述したようにトランプ政権は「パリ協定」を離脱したが、共和党は民主党のグリーン政策とはまったく違う立場をとっている。

2001年3月28日、ジョージ・W・ブッシュ政権はパリ協定の一つ前の京都議定書からの離脱を表明した。現在の地球温暖化問題はIPCCの報告書を論拠にしている。

IPCCとは「気候変動に関する政府間パネル」(Intergovernmental Panel on Climate Change)の略称で、地球温暖化についての科学的な研究の収集、整理のための政府間機構だ。1988年に世界気象機関(WMO)と国連環境計画(UNEP)によって設立され、2023年現在、195の国と地域が参加している。

ブッシュ政権は、

・地球温暖化の実質的な論証を行ったIPCCの報告に対する疑問
・中・印などが削減義務を負っていないこと
・技術開発を重視して温室効果ガス排出総量キャップに反対する独自の路線
・米国経済への悪影響やエネルギー安全保障への懸念

などを理由に京都議定書を離脱した。京都議定書はアメリカ産業の国際競争力弱体化を目的としたEUが仕組んだ罠で、中国、ロシアに利益を与えるという不信感が根底にあったのである。

トランプ政権が「パリ協定」を離脱した理由も、

・パリ協定がアメリカに「不公平な経済的負担」を強いていると考えたこと
・化石燃料重視の政策を追求したこと
・米政府の気候変動報告に対する信頼性の低さや疑問を抱いたこと

とブッシュ政権を踏襲した理由になっている。実際に、「パリ協定」は非協力国に対する制裁が定められていない。CO_2の大規模排出国の中国はパリ協定に参加していて2030年にカーボンピークアウト、2060年にカーボンニュートラルを目指すと約束はした。しかし、具体的な計画や進捗状況は不透明なままだった。

重要なのは、ブッシュ政権、トランプ政権ともに地球温暖化＝炭素排出の科学的論拠を疑問視し、独自の対策をとることを否定していない点だ。にもかかわらずリベラルメディアの意図的な変更によってブッシュ氏、トランプ氏ともに「地球温暖化を進める悪党」という印象操作がされたのである。

この決定の背後には環境問題がアメリカの「国益」を損ない、民主党の巨大な「利権」になっているという問題がある。その審判が下されたのが2022年中間選挙だった。

天文学的な「SDGs予算」

2021年に成立したバイデン政権だが、経済対策は、以下の3つが基本としていた。

①米国救済計画（コロナ対策）→1・9兆ドル（約206兆円）規模
②米国雇用計画（インフラ、研究開発、製造業支援など）→1・2兆ドル（約140兆円）のインフラ法案
③米国家族計画（教育、育児など）→3・5兆ドル（約385兆円）の投資計画

いずれの計画にも前述したグリーン予算などのSDGs関連予算が盛り込まれた。合計6・6兆ドル、約731兆円の天文学的な金額である。このSDGs予算の中核とも言える目玉が③の「米国家族計画」だ。

①はバイデン大統領就任直前の2021年1月14日に概要が発表された。法案に対して共和党の反対があったものの最終的には上院での賛成・反対が50対49、下院で220対211となり賛成多数で可決。同年3月11日に、バイデン大統領が署名し「2021年米国救済計画法」が成立した。議会での票数はほぼ議会内の民主党・共和党の構成で、両党の距離が埋まっていないことが改めて浮き彫りになった形だ。

最大の問題となったのは②と③だ。

②の米国雇用計画は、2021年3月31日にバイデン大統領が公表した、総額2兆ドル

超を8年間にわたって支出する成長戦略だ。インフラ整備、研究開発、製造業支援など広い範囲をカバーする（次ページ「インフラ投資雇用法の概要（ジェトロ作成）」を参照）。雇用計画は「インフラ投資計画法案」として21年7月に上院に提出されたが、財源である法人税増税に一部共和党議員が反対。同年8月10日に、超党派の賛成多数で上院で可決した。

③米国家族計画は2021年4月28日にバイデン大統領が就任後初となる施政方針演説で発表した、子育てや教育支援を柱とする約1・8兆ドル規模の成長戦略だ。その後②米国雇用計画から除外されたものを盛り込み、計画は3・5兆ドル規模にまで膨らんだ。

さて民主党内は大きく3派があり中道派（左派、穏健派）と極左派に分かれることは前述した。ここで起こったのが民主党内の中道派と極左との対立である。③の米国家族計画を重要視する極左派は「③を通さなければ②を通さない」と主張した。対して、民主党中道派は債務残高を懸念。教育、育児に対して3・5兆ドルは巨額すぎるので、1・5兆ドル～2兆ドル規模にするべきだと主張した。

こうした対立が行き詰まった結果、21年10月28日に、米国家族計画は予算規模を1・75兆ドルに半減させた「ビルド・バック・ベター」計画として発表された。2021年11月

インフラ投資雇用法の概要（単位：億ドル）	
交通インフラ整備	6,210
老朽化した橋、道路の整備	1,150
補助金や税制優遇など電気自動車普及支援	1,740
交通設備の現代化、トラック整備	1,650
空港・港湾整備	420
生活インフラ整備	6,500
クリーンエネルギー推進の電力網整備	1,000
水道システム整備	1,110
高速通信網整備	1,000
低価格住宅整備	2,530
公立学校整備	1,000
製造業の競争力強化	5,800
サプライチェーン強化	3,000
人工知能（AI）など研究開発支援	1,800
労働者の能力開発プログラム支援	1,000
高齢者・障害者施設、退役軍人病院等整備	4,000
合計	2兆2,510億ドル

（注）内訳は主な項目のみ記載。金額は概算。
（出所）米ホワイトハウス、各種報道資料を基にジェトロ作成

5日、下院は「インフラ投資計画法案」を賛成多数で可決。同日にバイデン大統領が署名して成立した。

バイデン大統領が、

「21世紀の経済競争に勝つための一世一代のインフラ投資計画が可決された」

と自画自賛する一方で同日の下院通過を狙った「ビルド・バック・ベター」計画は採択を見送られた。同年11月19日に賛成220、反対213で下院のみ可決したが、上院での可決は困難で21年内では不成立、2023年5月現在では通過する可能性がなくなったと言うべき状況だ。

2022年に行われた中間選挙で共和党が下院で多数派となったからである。

米国民はグリーン政策にノーを突きつけた

予算を通すためには、先に議会を通過させなければならない。そこで重要になるのが、2022年11月8日に行われた中間選挙だ。アメリカの選挙制度は、

・大統領選の任期は4年で、3選禁止

アメリカの政治制度

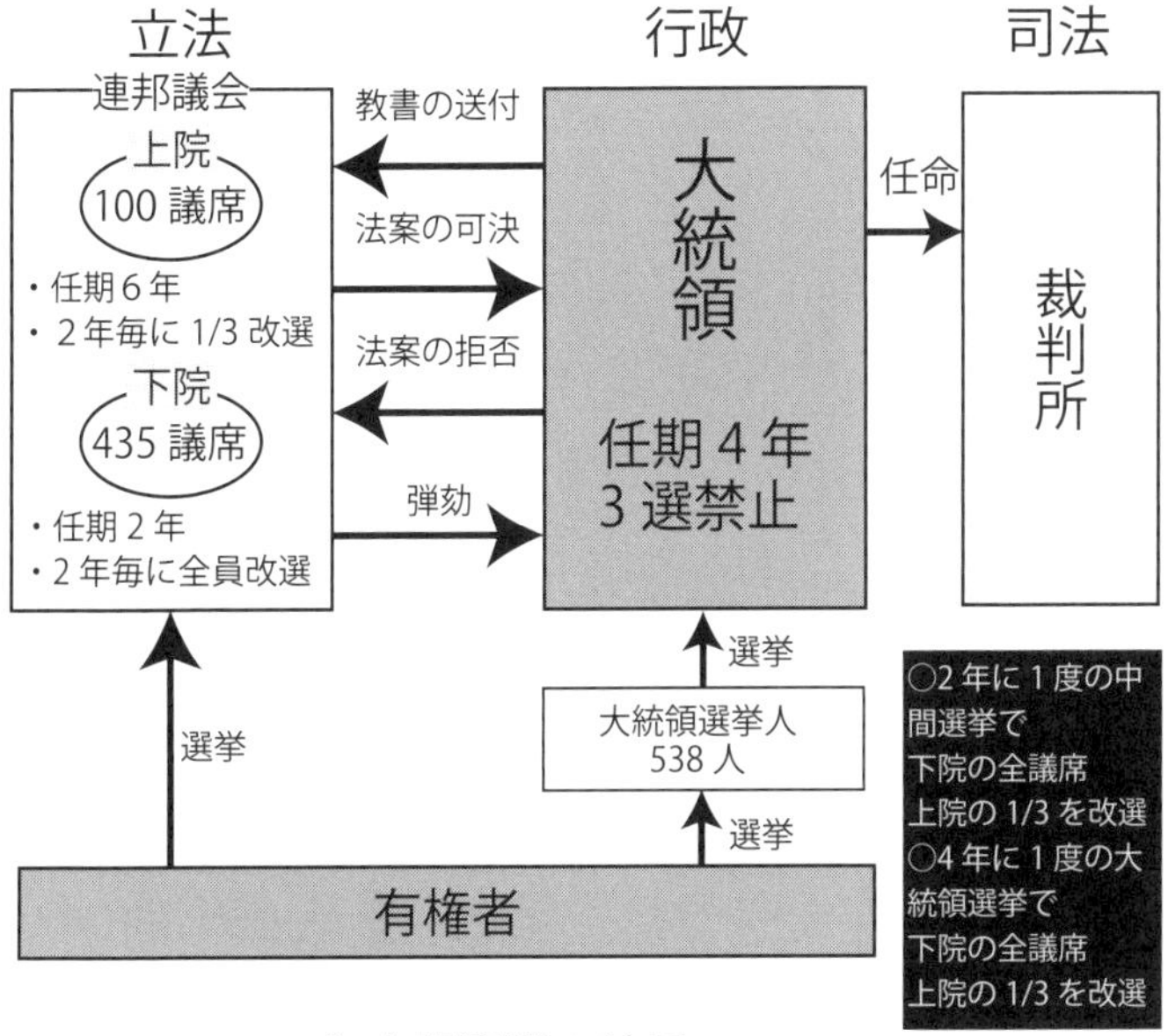

2022年中間選挙の結果

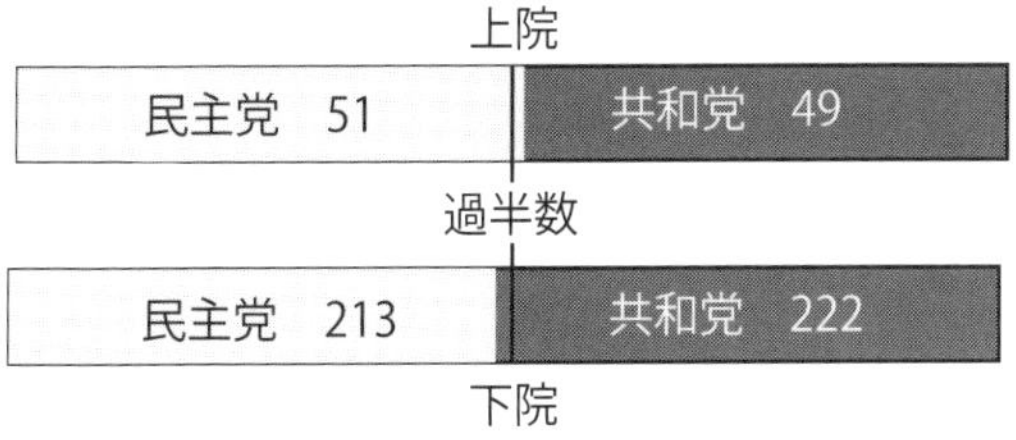

・上院の任期は6年で、2年ごとに1／3改選
・下院の任期は2年で、2年ごとに全議席改選
となっている（前ページ図「アメリカの政治制度」参照）。中間選挙は4年ごとの大統領選の間で行われ、上院1／3、下院全議席の選挙が行われる仕組みだ。

民主党のカラーは青、共和党のカラーは赤となっていて、2022年中間選挙の事前予想は共和党が圧倒的有利とされたが、共和党が圧勝する「レッドウェーブ（赤い波）」は起こらず結果は、
・上院（過半数50）　民主党51　共和党49
・下院（過半数218）　民主党213　共和党222
となった。上院を民主党が、下院を共和党がとったねじれの構造だ。

与党・民主党が上院をとったことで人事は変わらず、共和党が下院をとったことで予算権限を握ることになった。

バイデン政権は「グリーン政策」を党一丸となって進めていたが、この「目玉政策」が否定されたということだ。

どの国でも同じだが、国家戦略と有権者の求める政策との間には乖離がある。アメリカ

アメリカの中央銀行制度

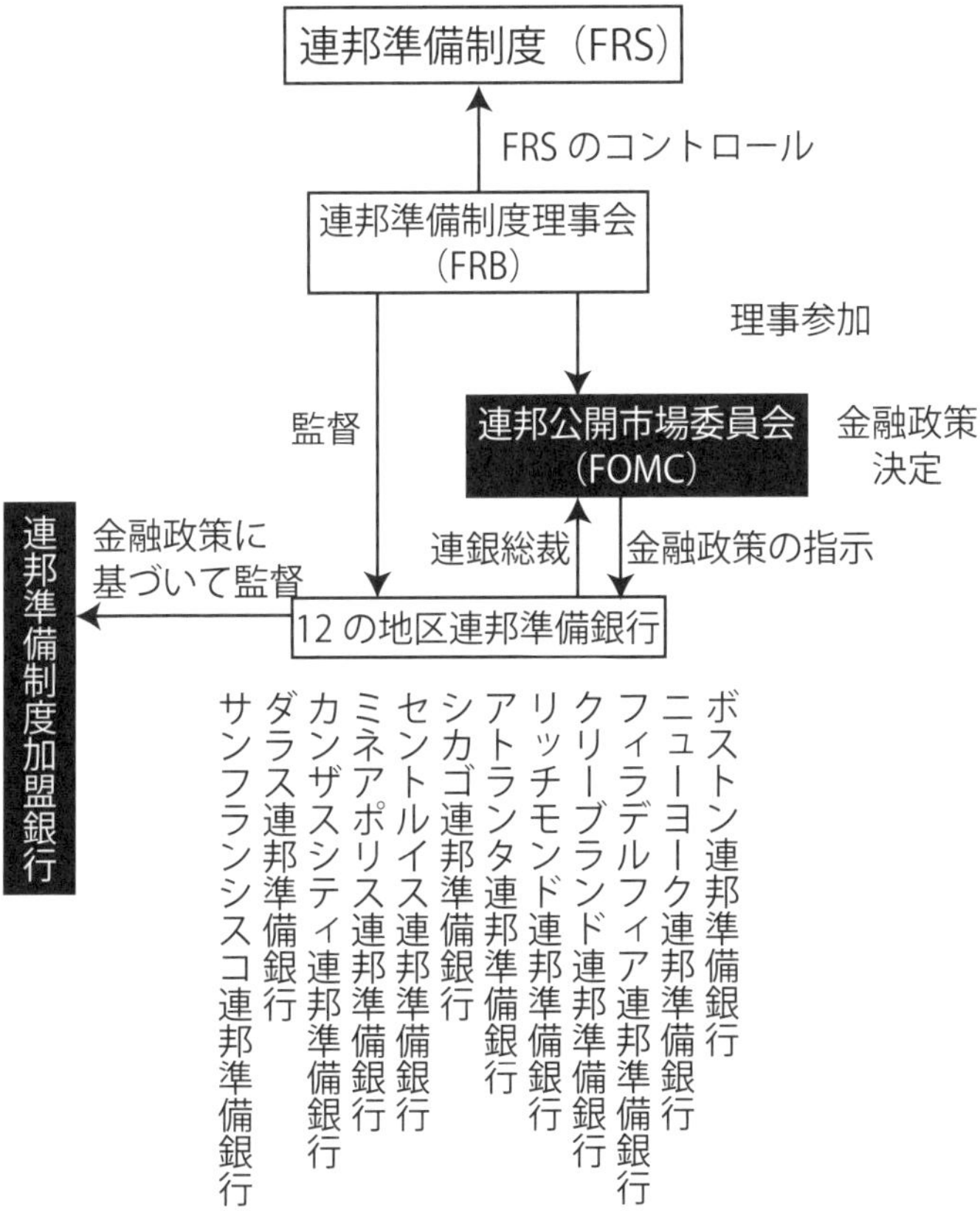
連邦準備制度（FRS）
FRSのコントロール
連邦準備制度理事会
（FRB）
理事参加
監督
連邦公開市場委員会
（FOMC）
金融政策
決定
連銀総裁
金融政策の指示
連邦準備制度加盟銀行
金融政策に
基づいて監督
12の地区連邦準備銀行
ボストン連邦準備銀行
ニューヨーク連邦準備銀行
フィラデルフィア連邦準備銀行
クリーブランド連邦準備銀行
リッチモンド連邦準備銀行
アトランタ連邦準備銀行
シカゴ連邦準備銀行
セントルイス連邦準備銀行
ミネアポリス連邦準備銀行
カンザスシティ連邦準備銀行
ダラス連邦準備銀行
サンフランシスコ連邦準備銀行

の有権者の望む政策は1にも2にも「インフレ対策」だ。

このことが民主党のグリーン政策に「ノー」を突き付け、結果的に下院で民主党が敗北した大きな要因である。前ページの「アメリカの中央銀行制度」を踏まえた上で、数字をご覧いただきたい。

2022年12月13〜14日に行われたFOMC（連邦公開市場委員会）によって、アメリカの中央銀行にあたるFRSの最高意思決定機関FRBは0・5％の利上げを決定。金利の誘導目標を4・25〜4・5％とした。

アメリカのCPI（消費者物価指数）がピークアウトして、さらに下落する可能性が高いため、利上げを減速させる方向だった（次ページ図「アメリカのCPI（消費者物価指数）推移」）。

実際に2023年5月3日にFOMCが決定した利上げは0・25％だ。FOMCは、インフレ率が目標の2％に近づいていることや、経済成長が堅調であることを理由に利上げを続け、2024年9月にようやく利下げに転換した。

トランプ氏は2024年大統領選にあたって「利下げ」を公約にしている。

金融面はソフトランディングが実現できる見込みだが、問題は資源・エネルギー価格で、

アメリカのCPI(消費者物価指数)推移(前年同月比)

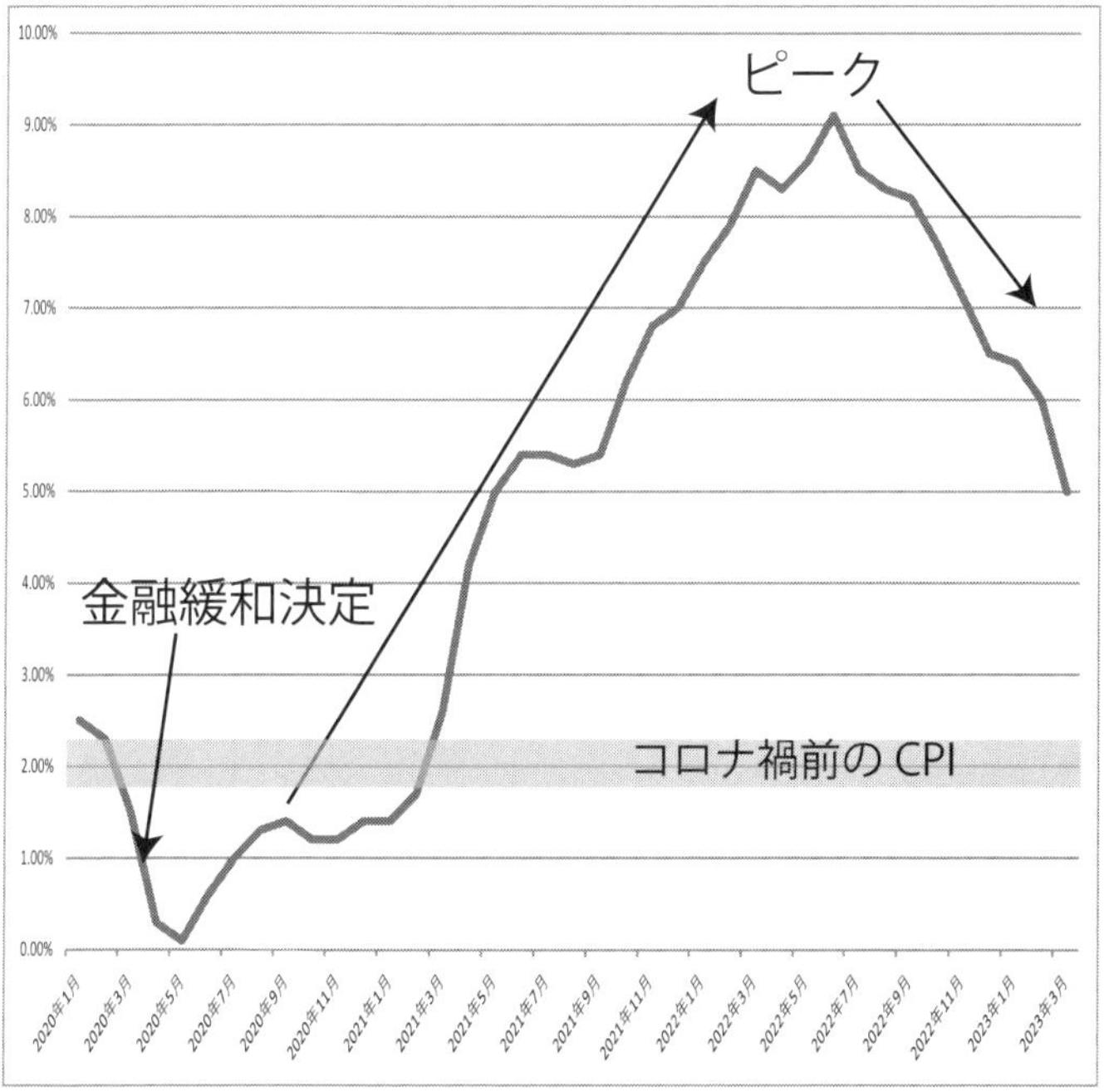

原油価格の動静次第では、CPIも上昇に転じる可能性が残っていることだ。脱コロナ禍における未曽有のインフレは、コロナ禍を通じた複合的な要因が関係して起こっている。大きく言えば、

・2020年3月にG7中央銀行・財務相が決定した、コロナ禍による経済への影響を食い止めるための大規模な金融緩和

・コロナ禍によるサプライチェーンの停止と、先進国が脱コロナに転換したことによって起こった供給不足

・脱化石燃料への過度な移行による化石燃料の急騰

である。順を追って整理していこう。

2020年3月、コロナ禍による金融の流動性停止を防ぐため、G7は未曽有の金融緩和を行った。これによってドルは飽和状態になる。感染拡大防止のために移動制限が行われ、そのことで経済は停滞した。

行き場を失ったマネーは金融市場になだれ込み、バブルが起こったのである。

そのことで発生したのがインフレだ。

例えば100個の製品に対して100枚の引換券があるとする。この状況で1人に1枚

の引換券を渡せば、100人が1つの製品を手に入れることができる。ところが引換券を刷って1000枚にして1000人に配ると、1000人の人たちが100個の製品を奪い合うことになる。

引換券を1000枚刷ったことで、1個の製品のために1枚で済んでいた引換券が、10枚必要になったということだ（次ページ「インフレの簡易モデル――その1」参照）。

これがインフレである。

グリーン政策推進でインフレが加速

このインフレを収束するためには、刷りすぎた引換券を回収するしかない。すなわち中央銀行が刷りすぎた貨幣を回収するということだ。

回収は中央銀行による「利上げ」によって行われる。

ところが回収前に発生したのが脱コロナ禍の濃淡だ。G7を中心に2021年からワクチン供給が本格化し、併せて経済活動も復活していったが、開発国はその状況にはなかった。

グローバリズムは開発国でモノを生産して、先進国で消費する構図だ。先進国側が経済活動再開で急速にモノの需要が高まったのにもかかわらず、生産地はコロナ禍でモノを供給できない状況に陥った。

前述の例でいえば１００個あった製品が50個になってしまったのだ。引換券が余っている状況で、製品が減ればさらにモノの価格が上がるのは当然である。資源・エネルギー産出国はコロナ禍にあるのにもかかわらず、消費国は脱コロナによって復活したことから価格高騰が始まった。

シェール革命によって世界最大の産油国になったアメリカだが、原油価格高騰はバイデン政権の政策によるところが大きい。

国土の広いアメリカでは、多くの国民にとってガソリン価格が最も大きな問題であり、物価の上昇が大きな問題だ。次ページの図「アメリカ州ごとの平均ガス料金」はアメリカのガソリン価格の州ごとの平均値をマップにしたものだ。

併せて中間選挙の州ごとの結果を掲載したが、ガソリン価格の高い州は民主党が支配する州である。

民主党は貧困救済などを含めた社会福祉政策を充実させるため税金が高く、化石燃料に

アメリカ州ごとの平均ガス料金

2023年1月4日現在

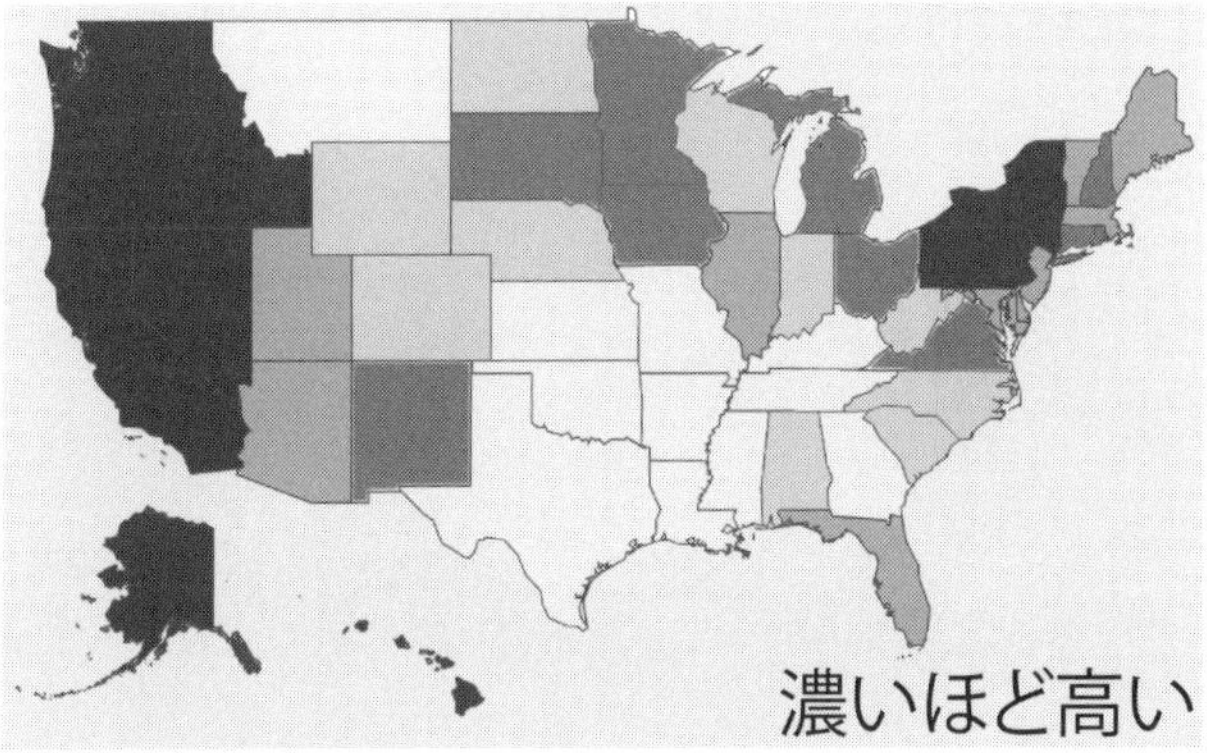

(https://gasprices.aaa.com/ の図をモノクロ向けに加工)

2022年　中間選挙の週別結果

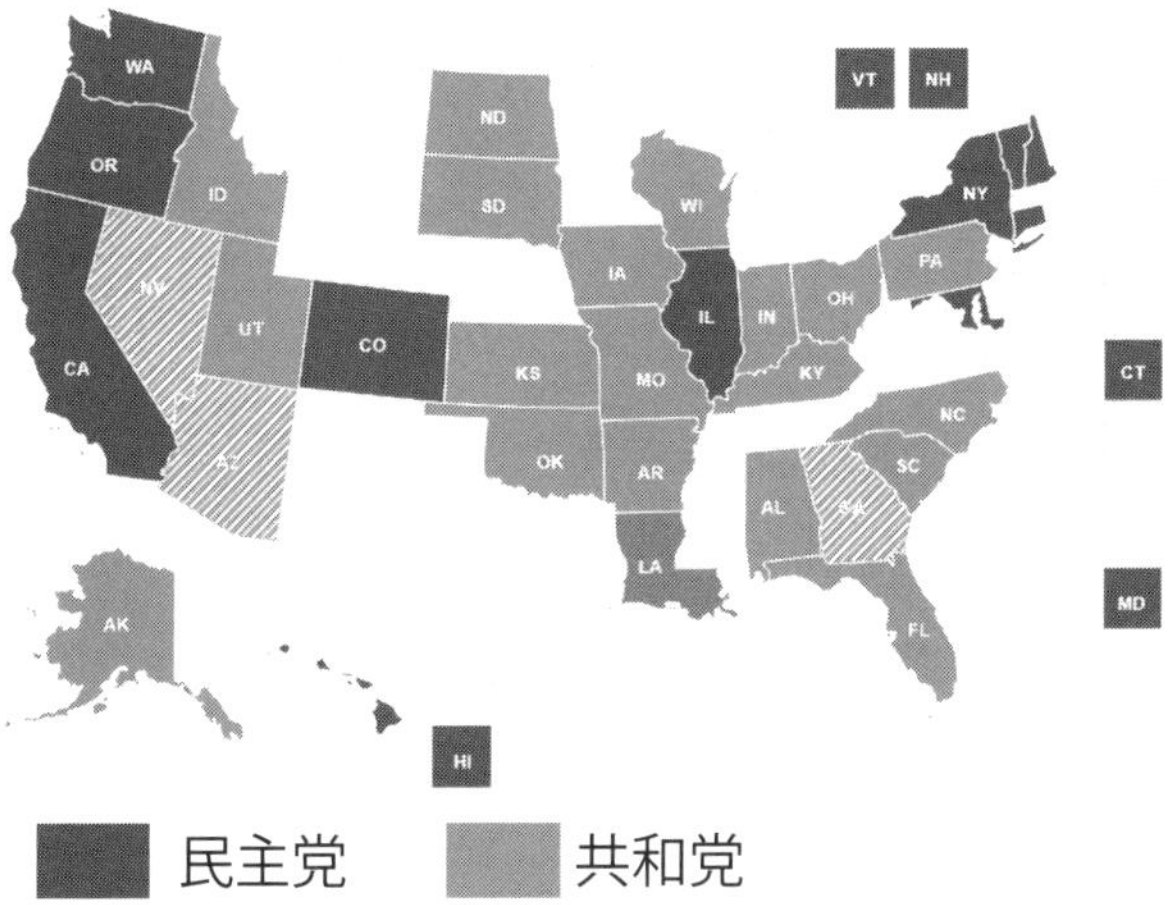

否定的な州ということだ。電力料金も同様で、太陽光など自然エネルギーに傾斜すれば、エネルギーコストが高くなるのも当然だ。

バイデン大統領はシェールガス、シェールオイルの採掘を止め、国有地のガソリンなどの採掘料を引き上げ、新規の採掘も認めなかった。その一方で、ESG投資やグリーン投資を求め、金融などにも化石燃料融資をしないように圧力をかけたのだ。

これではエネルギー価格が上がるのは当たり前である。

その結果、インフレはもう一段高いステージに上がることになった。量的緩和と需給のアンバランスによって物価上昇していたところに、今度は資源・エネルギー価格の急騰によって生産原価そのものも急騰したからだ（次ページ「インフレの簡易モデル――その2」参照）。

2022年中間選挙で民主党が下院で敗北したため、バイデン政権が目玉政策に掲げていたグリーン予算案は頓挫することになった。それどころか、アンチ・グリーンの動きが議会の中で大勢を占めるようにさえなってきたのだ。

インフレの簡易モデル——その1

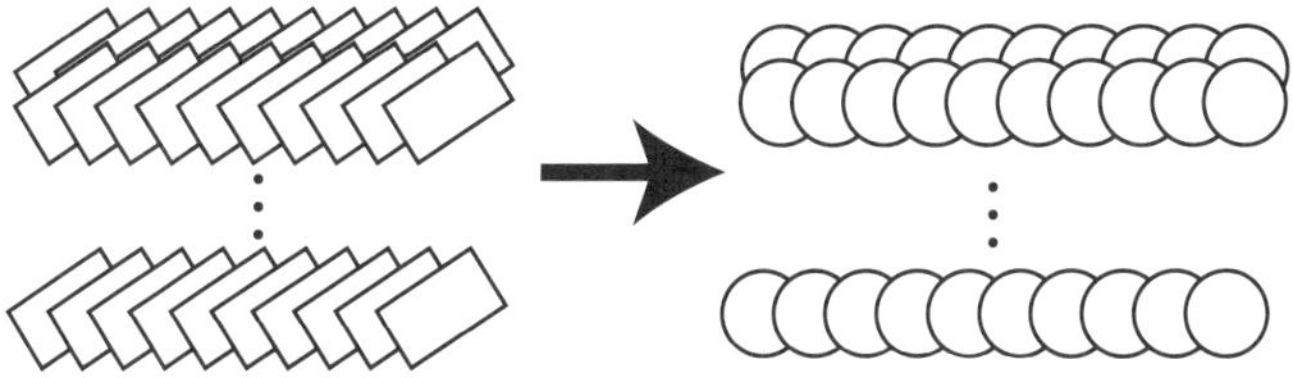

100個の製品に対して100枚の引換券があれば、1個の製品は1枚の引換券で手に入れることができる

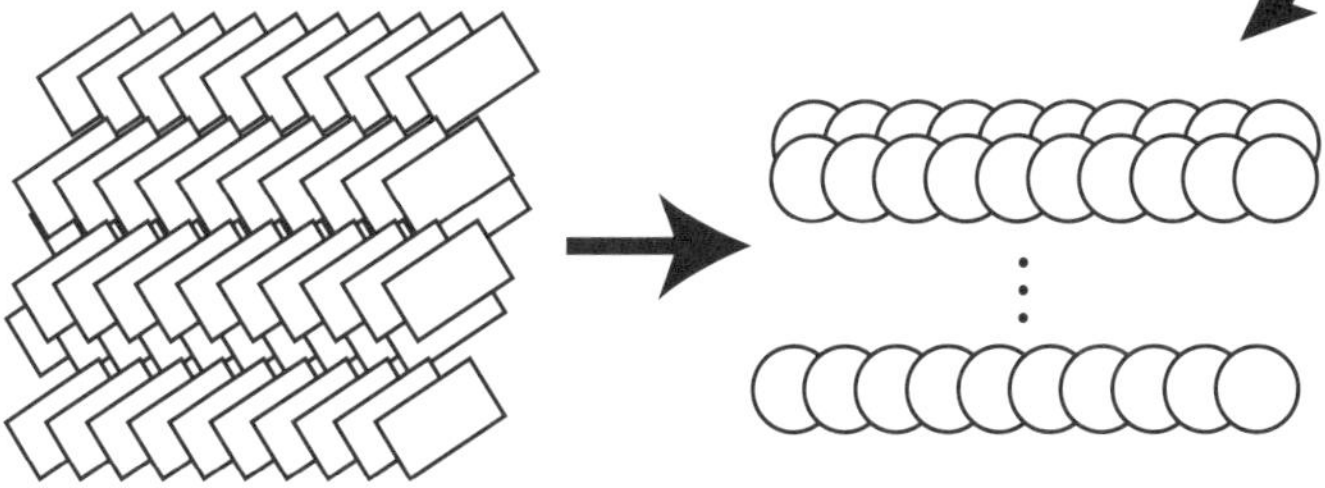

100個の製品に対して1000枚の引換券が刷られると、10枚の引換券がなければ製品は手に入れることができない

引換券を刷ったことで製品は10倍に値上がった

その2へ

インフレの簡易モデル——その2

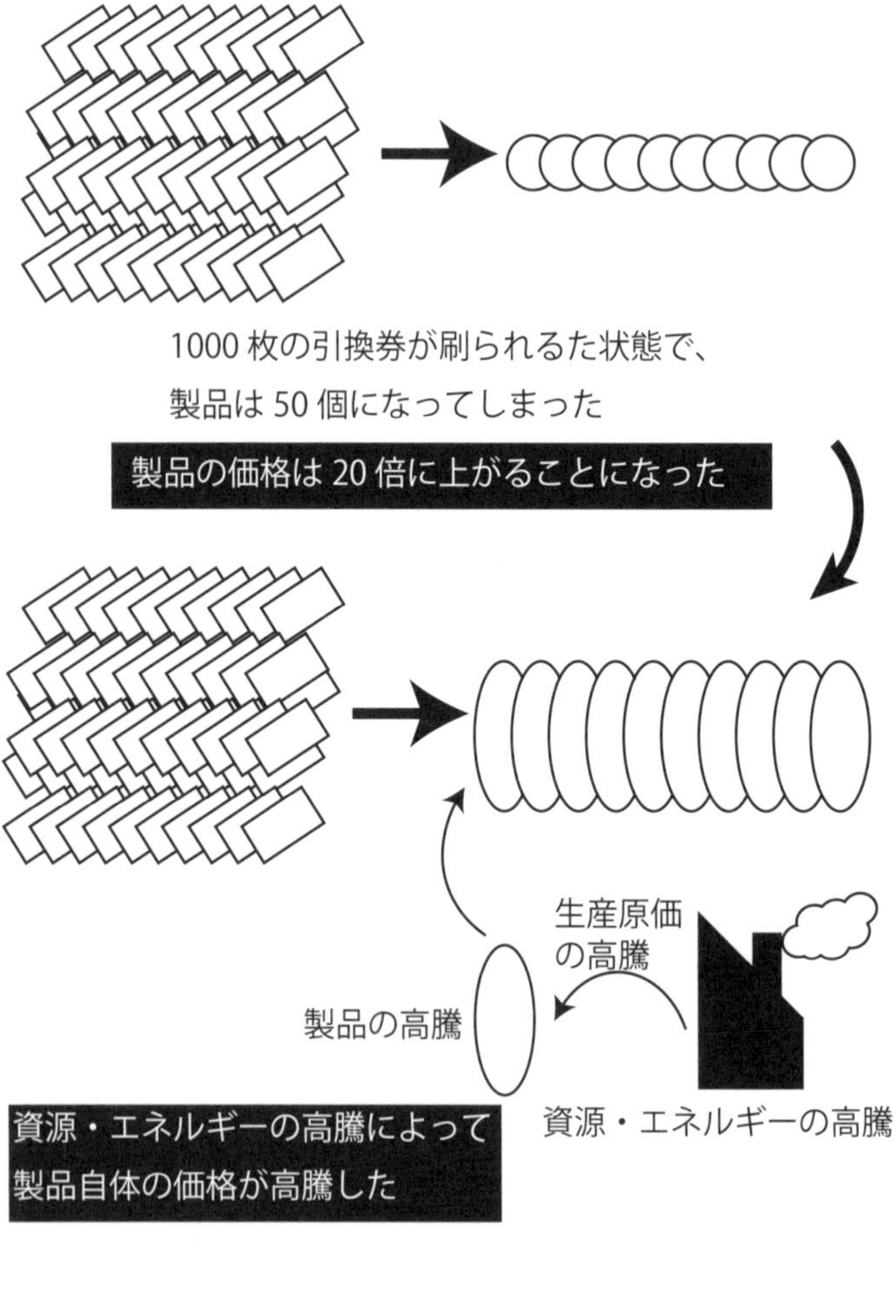
1000枚の引換券が刷られるた状態で、
製品は50個になってしまった
製品の価格は20倍に上がることになった
生産原価
の高騰
製品の高騰
資源・エネルギーの高騰
資源・エネルギーの高騰によって
製品自体の価格が高騰した

グリーンフレーションと安全保障

この資源・エネルギーの価格上昇が安全保障面にも大きく影響する。

ロシアやイランなど資源・エネルギー産油国が軍事オプションを行使するタイミングは原油価格が握っている。輸出の7割以上を資源に頼る資源大国ロシアにとって、原油や天然ガス価格の上昇は軍事的拡張の原動力となるのだ。

日本に対しても原油価格が50ドルを割り込むと北方領土などの返還を持ち掛け、日本からの資金を得ようとしてきたのが、その証左だ。石油価格が上昇に転じると、その約束を反故にすることをロシアは繰り返してきたのである。

ウクライナ侵攻は単にNATOの東方拡大に対するロシアの抵抗だけではなく、グリーン政策によるインフレーション、グリーンフレーションが引き金になっているのだ。イランとイスラエルの対立構図はすでに解説したが、ここにも資源・エネルギー価格が関係していることは言うまでもない。

ヨーロッパで起こったことは、ヨーロッパが主導して対応するのが国際社会のルールだ。

特に、ＥＵの「盟主」を自認するドイツは率先して、ロシアに制裁を突き付けることが正しい対応と言えるだろう。

ところが欧州については、ロシアを制裁しきれない事情がある。

それこそが「エネルギー」だ。

２０１４年にロシアがウクライナに侵攻したクリミア危機の際には、アメリカなど西側が揃ってロシアに制裁を科した。ところがヨーロッパは天然ガスのロシア依存度が高い。緯度の高いヨーロッパで冬季にロシアからの天然ガス供給が停止すれば、エネルギー不足で膨大な死者と経済の停滞が起きる可能性があるのだ。

このような事情から、当時、ヨーロッパは完全な制裁を行うことができなかったのである。

トランプ氏はアメリカを世界最大のエネルギー産出国にすることを公約にしている。このことでアメリカの国力とプレゼンスは拡大するだろう。「強いアメリカ」になることで欧州・中東を安定させることが期待できるのである。

第5章

反「キャンセルカルチャー」

中国に対する超強硬通商政策

前章までトランプ氏が脱SDGs社会を目指していることを解説した。理解した人の中には、

「脱SDGs社会こそ実は持続可能な社会ではないか」

と、思った人もいるかも知れないが、その通りだ。

SDGs、あるいはサスティナブル、グリーンなどは左的政策で、それを否定することは「極右」というステレオタイプの発想はトランプ氏の政治姿勢に当てはまらない。

なぜならトランプ氏の経済政策は右派とは言い切れないからだ。むしろ左派である。

日本では誤解されがちなのだが経済右派とは、いわゆる市場原理主義で、今日の新自由主義である。経済左派とは第二次世界大戦後に、日本も含めた西側の自由主義経済圏に高度経済成長を実現したケインズ経済、あるいは新古典派と呼ばれる立場だ。

ゆえに経済左派は政府の役割を大きくする「大きな政府」を目指し、経済右派は民間や市場に任せて政府の役割を小さくする「小さな政府」を目指す。

小泉政権時の竹中平蔵氏の主張が「経済右派」そのものと言えばわかりやすいだろうか。例えば竹中氏や影響をうけた維新は、医療保障や生活保護などすべての社会保障制度を「ベーシックインカム」に統合するべきだと主張する。そうした発想が正しいかどうかは別にして、土台にあるのは政府の役割を少なくすること——すなわち「小さな政府」だ。

日本の保守が特徴的なのはイデオロギー的には天皇制を中心にした伝統・文化・歴史を尊重しながら、経済政策的には「大きな政府」すなわち左の立場を理想とする点だ。

アメリカは二大政党制の国だが民主党が大きな政府を目指すのに対して、共和党は小さな政府を目指す傾向が強かった。

ところが自動車産業などを保護するトランプ氏の経済政策を左右で分けると「左」で大きな政府を目指すことになる。

共和党の伝統からすれば異端である。

一方で民主党は、社会保障を分厚くするため税金が高い。現在でも民主党政権の州「ブルーステート」では増税が繰り返されることになる。また近年では「再エネ」に予算を投下するためエネルギーに対する負担も大きい。

それに嫌気が指した市民が、テキサスなど燃料費や税金の安いレッドステートに移住するケースが増えているのだ。

ところがトランプ氏は共和党伝統の「減税」を理想としている。大きな政府でありながら減税の立場というのは右・左、民主党・共和党の垣根を越えているがゆえに「トランプ主義」と呼ばれるのである。

その具体例としてトランプ氏の掲げる通商政策を整理していこう。

トランプ氏は公約で、すべての輸入品に10～20％の普遍的な基本関税をかけるとしている。貿易相手国が為替を操作したり、不公正な貿易慣行を行ったりした場合には強い制裁が科せられるルールを設けるという。

さらにアメリカ国外で製造された自動車には100％の関税をかけ、アメリカの自動車産業を保護するという。

労働者保護と都知事選

この関税政策でトランプ氏の意図するところは「労働組合の保護」ではなく、「労働者個人の保護」や「産業の保護」である。安い労働力である移民を認めれば、アメリカ人労働者は移民と労働賃金で競争しなければならない。労働賃金は「安い方」を帰順するので移民は結果的に、既存の労働者の賃金ダウンを招く。だから、

「メキシコ経由で移民者なんか入れさせない」

としているのだ。さらに米国産自動車問題を通じて、

「何でお前ら組合は、アメリカ人労働者のために戦わないいんだ」

「メキシコに工場を作ることを許すんだ」

と問いかける。全米自動車労組と「自動車業界で働く皆さんへ」というメッセージまで出す理由も「労働者の保護」にあるわけだ。

日本も同様なのだが、「労働組合」とは「労働者の権利獲得」のためにある団体で、マルキシズムやトロッキズムといった特定のイデオロギー実現のためにある組織、団体ではない。

私たちの身近なところでも労働組合とイデオロギーの軋轢が選挙の場面で如実に噴出したことがある。それが2024年7月の東京都知事選に、当時、立憲民主党に所属していた蓮舫氏が出馬した後に起こった、いわゆる「立憲共産党現象」だ。

カギになったのは労組票田である「連合」の支持である。

「連合」は4つのナショナルセンターが合同した日本最大の労働組合のナショナルセンターである。日本労働組合総評議会（総評）は旧日本社会党系、全日本労働総同盟（同盟）は旧民社党系となっていて旧来は現在の立憲民主党系に近い立場だった。

ところが2021年に当時、立憲民主党代表だった枝野幸男氏が日本共産党との連携を模索。連合と日本共産党は水と油の関係で、連合はこのことを強く非難してきた。

この結果、2021年10月に連合の会長に就任した芳野友子氏は自民党に接近し、同党副総裁、麻生太郎氏と会食をする関係にまでなる。例えば2023年9月には、麻生氏が講演で、

「芳野友子氏が連合の会長になり、自民党と一緒になってやった結果、かつて2％台だった賃上げ率が3・58％に上がった」

と褒めそやせば、芳野会長が自民党で講演を行うなど、両者は極めて良好な関係になったのである。

この構図の中で2024年東京都知事選に蓮舫氏が出馬した。

元々連合東京は電力総連が強い。その電力総連は原発問題で蓮舫氏支持から降りている。東日本大震災の福島第一原発事故以前、民主党系議員は電力総連の支持候補、支援候補、

推薦候補だった。ところが事故の後で反原発を始めたことで、連合東京は推薦を外すことになる。

現在では連合東京は国民民主党に近い立場になっている。連合東京が蓮舫氏を支持するはずがない状況で、芳野会長と小池百合子都知事の事務局長は蜜月の関係にあった。

「蓮舫が出馬したことで小池が当確した」

と評されていたのは、この構図があったからだ。

蓮舫氏が選挙運動をするために残された唯一の手段が日本共産党と手を結ぶことだった。選挙というのは実働部隊が必要だが、それが蓮舫氏にはなかったからだ。

ご存じのように結果は惨敗である。

米中突発分断の可能性

立憲民主党を離党し「ノンポリ」を建て付けたものの、有権者は「日本共産党」との連携を疑わなかった。蓮舫氏と日本共産党との連携ではっきりしたのはイデオロギー色が強くなると、一般人がドン引きして票を入れなくなる、ということだ。蓮舫氏の演説や挨拶回りを取材したリベラル系メディア、あるいは立憲民主党幹部は、「大勢の人が訪れて活気に溢れています」と喧伝に躍起だったが、フタを開ければ日本共産党が人を動員していたに過ぎない。だから惨敗したのである。

トランプ氏が2024年大統領選で狙っているのもこの構図だ。それゆえ労働者保護政策を前面に出して、組合票の切り崩しを図っているのである。

トランプ氏は高関税を財源にする代わりに個人減税と法人減税を実施する意向だ。アメリカの産業を破壊する中国の脅威に「関税」という通商政策を盾に対抗する一方で、トランプ氏は雇用創出を阻害すると考える規制を削減する反規制政策の実施を表明。また労働者保護政策としてチップに対する連邦税の撤廃を提案している。

トランプ氏の通商政策は「対中国に特化して強硬」という指摘が多方面からされているが、実際に、中国製品には最低でも60%の関税をかけるよう求めている。米中貿易戦争はトランプ政権下の2018年に開戦したとされているが、次期大統領になった場合はさらなる大規模な貿易戦争をトランプ陣営が用意していることが確定的に報じられている。

トランプ陣営は電子機器、鉄鋼、医薬品など必需品の中国からの輸入を段階的に排除する4カ年年計画を提案。さらに中国の資産所有者に「アメリカの国家安全保障を危うくする」あらゆる保有資産の売却を強制し、エネルギー、テクノロジー、農業分野などの重要なインフラを中国が保有することを禁止することを提案しているという。

この米中貿易戦争にアメリカの同盟国である日本が無関係でいられるはずがない。これまで自著、配信動画、メルマガなど多方面で繰り返し、「日中関係はこれまで通りにはならない」ことを伝えてきた。徐々に起こっていた対中でのカップリングが、次のトランプ政権成立で分断にまで一気に加速する可能性は高い。

この米中分断については、トランプ外交によって日本がどうなるかについても合わせて後で詳述する。

大統領権限の拡大

トランプ氏の大統領としての究極の目標がスローガンとして掲げる「MAGA」すなわち「アメリカ合衆国を再び偉大な国にする」だ。そこで問題になるのが大統領のパワー、すなわち「権限」である。155ページに掲載した「アメリカの政治制度」を見ればわかるのだが、アメリカでは議会が予算や法案、政策を作っていて、ホワイトハウスは行政の委任担当に過ぎない。

大統領に与えられているのは「拒否権」でこれでさえも乱発すれば支持率の低下を招いてしまう。「核ボタンを持っている」ということで日本では誤解されがちなのだが「アメリカ大統領」の権限は想像よりはるかに小さい。

「強いアメリカの復活」を目指すトランプ氏にとって、改革のために大統領権限の拡大は必要だ。その権限を少しでも拡大するべく前政権時代に行ったのが最高裁判事の指名である。在任中の2017年にニール・ゴーサッチ氏、2018年にブレット・カバノー氏、2020年にエイミー・バレット氏の計3人の保守派裁判官を最高裁判事に指名した。

2016年の就任時にはリベラル派が4人、保守派が4人と拮抗していた最高裁のバランスは、トランプ氏の離任時には保守派6人、リベラル派が3人と、保守派の優勢が固まっていたのである。

訴訟社会のアメリカでは政策などが司法判断に委ねられることがある。実際に2022年6月にアメリカ最高裁判所が、1973年に女性の中絶権を認めた「ロー対ウェイド」判決を覆す。以降、アメリカの各州はそれぞれ独自の州法で中絶を禁止できるようになった。

保守派判事を多数派にしたことは間接的な大統領権限の拡大と言えるだろう。

トランプ流行革の正体

この最高裁判事指名は現在になって効果を持つようになっている。

民主党の牙城の一つであるコロラド州の最高裁は2023年12月19日に、2021年の連邦議会議事堂襲撃事件への関与を問題視。州の最高裁は、国家に対する反乱に関与した者は官職に就けないとする合衆国憲法修正条項を理由に、トランプ氏は同州予備選挙に立候補できないとしていた。

ところが2024年3月4日、連邦最高裁判所は、このコロラド州の判断を覆した。一連の司法による選挙妨害は逆にトランプに有利な風を吹かせた。横暴な司法の政治介入を嫌う米国人も多いからである。

2020年大統領選ではバイデン氏が逆転勝利した。この勝利について不正を疑うアメリカ市民が多いのは事実だ。この疑念が議会襲撃事件につながるわけだが、手集計とほぼ同じ結果が出ているため、不正は投票機によるものではなく、郵便投票を利用した大規模な組織投票であると考えられている。民主党は労働組合など組織票が基本であり、選挙への参加は有権者登録が必要である。この登録は組合などが一括して行い、バイデン氏に投票したと考えられているのだ。

共和党側にも不正がないとは言わないが、組織票を持つ民主党はそれが容易であることは確かである。アメリカの場合、州ごとに選挙の方法が違うが、今回の選挙では郵便投票を禁止する州も出てきており、不正に対する対応が厳格化されていることは間違いない。

トランプ氏はユニタリー・エグゼクティブ理論に基づいて大統領権限の拡大を計画している。ユニタリー・エグゼクティブ理論とは「一元的行政権論」と訳されていて、政府に対するより大きなコントロールをホワイトハウスに集中させることを目的とした、大統領権力の拡大解釈だ。

ここでもトランプ前政権が保守派判事を指名したことが大きく寄与することになる。というのはトランプ政権がモデルとしているレーガン政権以来、最高裁判所は、より強力な単一行政を受け入れており、それは主に保守派の判事によって支持されているからだ。

トランプ氏は選挙演説の中で、

「政府の権力を自分の権限に集中させ、連邦公務員のキャリア職員に取って代わる」と述べている。連邦通信委員会や連邦取引委員会などの独立機関を大統領の直接管理下に置き、すべての独立機関にホワイトハウスへの審査提出を義務付ける大統領令を発令するという。

自身を起訴した司法省に政敵やジョー・バイデン氏の捜査を命じ、また、大統領を解任することを約束している。

さらに連邦政府機関、米国情報機関、国務省、国防総省において、何千人ものキャリア公務員を対象として、雇用保護を撤廃するよう要求。「自分のアジェンダの障害」と見なした場合には、政治的忠誠心の高い職員と入れ替えることを提案している。リークによって改革を阻害されることが多々あったこともあり、法律で保護されている内部告発者を取り締まり、〝監視〟する独立機関を創設するという。

官僚をコントロール下に置くことで自身が公約とした「ＴｏＤｏ」をリスト通りに達成していく方針だ。

政府による裏為替操作

権限拡大がなければ成立しない公約の一つが「米ドルを世界の基軸通貨として維持」である。そのためにトランプ陣営が考えているのは中央銀行への介入と伝えられた。

2024年4月26日付のウォール・ストリート・ジャーナル紙は、トランプ氏が選挙で勝利した場合、トランプ氏の盟友が連邦準備制度理事会(FRB)の独立性を大幅に制限する計画であると報じた。

特に注目されるのは、大統領が直接金利を決定できるようにする計画と、ジェローム・パウエル議長を任期前に解任する計画である。

パウエル議長は2026年に任期切れとなり、FRBは米行政管理予算局(OMB)の監督下に置かれることになる。OMBを通じてFRBをコントロールすることができるのだ。

実は中央銀行への介入は前政権時代の2018年7月に問題になった。当時のOMB局長がFOXニュースとのインタビューで、トランプ氏の介入を問われ、

「そのようなことはない。実際、今回のことは初めて耳にした」と応じた。ところが2024年8月、マー・ア・ラーゴで開かれたトランプ陣営の会議で、FRBの金利決定に関してトランプ氏自身が、

「大統領は少なくとも（金利決定に）発言権を持つべきだと（感じている）」

と述べる。金利誘導の裏側では為替が動く。実は日本政府も金利を誘導する裏側で「為替操作」を行っている。

実はそれこそが「アベノミクス」の裏テーマでもあったのだ。

アベノミクスのもう一つの顔は「円安」政策だ。公式に通貨安誘導と謳えば為替操作とされてしまう。そこで前述のように国際的に許された「量的緩和」を最大限に使って、「円安」へと誘導したのである。

量的緩和とはゼロ金利政策である。政府が金利を誘導することで通貨安に持っていく――それがアベノミクスの真意だ。その理由は日本経済の危機にある。

2012年12月26日の第二次安倍政権発足直前に向けて、日経平均株価は急上昇する。発足後には急速な円安に進み、年末には1ドル＝105円となった。

企業の決算は3月だが、実は民主党政権の円高政策のままであれば、多くの企業が倒産

する危機だった。企業が保有している対外資産は円建てだ。例えば10億ドルの海外資産を持っている企業があれば、1ドル＝76円だったら760億円にしかならないが、1ドル＝100円なら1000億円になる。

円高政策によって日本企業の海外資産が膨らんだが、それを円高が苦しめていたのだ。アベノミクスによる円安誘導によって、企業業績は一気に回復することになったのである。

こうして安倍元総理と麻生太郎氏の間で交わされた「東日本震災からの復興」と「デフレからの脱却」は大きな一歩を踏み出したのである。第二次安倍政権は、この動きを持続させながら、宿願である「憲法改正」への準備へと進んで行ったのだ。

このように考えればトランプ氏の「基軸通貨ドルの維持」の公約の裏側には、中央銀行への介入がある可能性は高い。

キャンセルカルチャーをキャンセル

繰り返すが、誰が考えてもおかしいのだけれど、おかしいことが、まかり通ってしまっているのが、リベラルの狂気だ。そうした狂気に対して「キャンセルカルチャー」という

言葉が充てられる。キャンセルカルチャーとは、
・多様性や公正を過度に追求して、既存の文化・伝統、習慣を否定し、社会から抹殺すること
・人種やジェンダーなどが平等でなければならないという価値観を押しつけ、それに反する不適切な言動を否定し、ボイコットすること
である。

パリ五輪開幕式の「最後の晩餐」、「マリー・アントワネット」が象徴するような「キャンセルカルチャー」が支配的になって久しい。

ところがキャンセルカルチャーに社会を委ねた結果、社会は多くの矛盾を内包することになった。例えば化石燃料をキャンセルした結果、資源・エネルギー価格が高騰し、生命・財産を脅かす安全保障上の諸問題を生むことになった。また生物としての「性差」をキャンセルした結果、女子スポーツに男性が参加するなど女性の人権が脅かされる事態が生まれているのだ。

ヨーロッパでは「キャンセルカルチャー」に対する疲労が噴出しつつある。州議会で右派が躍進したのもリベラル支配に対する疲労が大きい。

行き過ぎて支配的になった「左」への反動が全世界で生まれつつあるのが現実だ。

トランプ氏が2024年大統領選公約で軸にしているのが伝統的秩序への回帰――すなわち「キャンセルカルチャー」のキャンセルである。具体的にはあまりにもリベラルに偏向した教育の制度改革、そしてあまりにも肥大化してしまったLGBT利権への規制などだ。

教育制度改革から解説していこう。

多様性教育への資金を遮断する

現在のアメリカでは「批判的人種理論（Critical Race Theory）」に基づいた教育が行われている。「批判的人種理論」とは1980年代にアメリカの法制度への批判から導き出された。人種差別は単に「個人の偏見」によって生み出されるわけではない。社会的・制度的な要因によっても生み出されているという。

人種差別は普遍的かつ恒常的にアメリカの法律や制度が生み出しているという考えだ。人種差別を撤廃するには社会そのもの、法律そのもの、国家構造そのものを変革しなければばならない。

まさにキャンセルカルチャーそのものだが、この結果、白人たちの間に芽生えたのが「白人であることが罪」という認識だ。特にカマラ・ハリス氏を支持するBLMはこの考え方を助長していて、教育にまで影響を与えられている。当然のことだが、多くの白人が責められ自尊心を傷つけられていることに対して強く反発している。

そこでトランプ氏は、日本の文科省にあたる米教育省を、「急進的な狂信者とマルクス主義者が浸透している」として、同省の廃止を約束している。

日本では広く「終身雇用」が採用されている。雇用流動性が高く労働市場競争が激しいアメリカにあって数少ない「終身雇用」が行われている職業が教職だ。例えばカリフォルニア州では教育法典内の条項によって教職2年目の3月までに教職契約が解除されたことを「知らされなかった」教員には、「終身雇用」の権利が与えられるのだ。

結果的に能力の低い教師が一定数存在し続けることになり、そのことに対する反対運動も起こっている。

そこでトランプ氏は幼稚園から12年生までの教師の終身在職権を廃止し、能力給を採用する州や学区に優遇資金と待遇を与えるよう制度変更を行う。また、採用の部分でも愛国心に基づいて教師を認定する新しい方法を作る。

さらに教育の現場からDEIを駆逐する見込みだ。

DEIとは多様性（ダイバーシティ＝D）、公平性（エクイティ＝E）、包摂性（インクルージョン＝I）の頭文字を合わせた合成用語だ。この「DEI」が現在のアメリカの教育現場に広く蔓延していて、キャンセルカルチャーを産む温床になっている。

このDEIを担当する学校管理者をトランプ氏は「無駄」として数を大幅に削減し、保護者による校長の直接選挙を採用するようにするという。

さらにトランプ氏は教師による武器携帯を支持し、学校が武装した教師を雇うための資金を提供することを表明。大学に対して「アメリカの伝統と西洋文明」の教育を薦め多様性プログラムを粛清し、公立学校での祈りを推進する意向を表明し、「愛国的教育」のために戦うと述べている。

トランプ氏は、「批判的人種論、ジェンダー・イデオロギー、あるいはその他の不適切な人種的、性的、政治的内容を子供たちに教える」プログラムに対する連邦政府資金を削減することを訴えている。その一方でまた、「人種差別を行う」学校に対して連邦公民権裁判を起こすよう司法省に指示する予定だ。この「人種差別」とは反ユダヤを指すとされていて、「公平性を装った差別」を続ける学校には寄付金に課税し、予算調整を通じて寄付金の全額まで罰金を科す措置を進める。

差し押さえた資金の一部は、こうした違法・不当な政策の犠牲者への賠償金として使うとしている。

また連邦教育省に入り込んだ過激派を排除すること、女性スポーツから男性を締め出すことを約束している。

トランプ氏はまた、「アメリカン・アカデミー」を提案している。これは、すべてのアメリカ人に開かれた無料のオンライン大学で、多額の寄付金を持つ大学の寄付金に対する税金で賄われるという。

一連の教育改革についてトランプ陣営の報道官は、

「学校選択へのアクセスを増やし、親が子供の教育に発言権を持てるようにし、優秀な教師を支援することで、トランプ氏はすべての生徒の学業の優秀さを向上させるだろう」

と述べている。

LGBTの権利と市民権

トランプ陣営は、「反白人人種主義」に対抗するため、マイノリティに対する既存の保護を解釈し直す意向を持っている。大統領就任後に「白人優遇の人種差別に対抗するために設計された政府やアメリカの企業におけるプログラムを撤廃したり、根底から覆したりすることを推し進める」方向で司法省を改革するという。

DEIを高めるために考案されたバイデンの大統領令を取り消すことも明言している。同様にトランプ氏はトランスジェンダーの権利の後退を約束している。

トランプ氏が特に問題にしているのは1972年の教育改正によって制定された「タイトルⅨ」についての拡大解釈である。

そもそも「タイトルⅨ」は連邦政府から資金援助を受けている学校やその他の教育プログラムにおいて、性に基づく差別を禁止するものだ。ところがオバマ政権は「タイトルⅨ」の対象を生物学的性別だけではなく、性自認、トランスジェンダーにまで拡大すると解釈した。

そこでトランプ政権は、男女別の施設へのアクセスに関する問題は、州や地元の学区の決定に委ねられるべきだと判断した。その上で、トランスジェンダーの若者が自分の好きなバスルームを利用できるようにするためのタイトルⅨの保護を削除し、医療費負担適正化法のトランスジェンダー保護を撤回する措置をとったのである。

ところがバイデン政権は「タイトルⅨ」に従ってトランスジェンダーの生徒が自分の性自認に沿ったバスルーム、ロッカールーム、代名詞を使用することを認める。トランプ氏は、バイデン政権が定めた「タイトルⅨ」の保護を「大統領就任初日に取り消す」としている。

トランプ氏は、合衆国は出生時に決定される2つの性別しか認めないと述べ、政府が認める性別は男性と女性のみであり、それらは出生時に割り当てられるという法案可決を目指す。ジェンダーを肯定する医療を取り締まると約束。トランプ氏は、移行期のホルモン剤や手術を提供する病院や医療提供者は、メディケアやメディケイドを含む連邦政府の資金援助を受ける資格がなくなると明言している。

教育の現場から

「タイトルⅨ」の拡大解釈が行われた結果、ＲＯＧＤという現象が問題視されるようになる。ROGD は Rapid Onset Gender Dysphoria の略で、「急速発症性ジェンダー不安」と訳される。若者の一部が、何の兆候もないのに、突発的にトランスジェンダーを自称し、トランスジェンダーとして振る舞い始めることを指す。

このＲＯＤＧを取材した本が、２０２０年に刊行されたウォール・ストリート・ジャーナルの記者、アビゲイル・シュライアー氏による『Irreversible Damage: The Transgender Craze Seducing Our Daughters』である。原題を直訳すると、「取り返しのつかないダメージ：娘たちを誘惑するトランスジェンダーの流行」だ。

同書ではＲＯＧＤがＳＮＳに影響を受けやすい若年層の間で広がる「社会的伝染病」と指摘。トランスジェンダーになったことを後悔する若い女性、苦悩する両親、医師らを取材。乳房切除手術などを行えば後戻りは容易ではないと主張している。

同書は12万部発行され、10カ国語に翻訳され、英タイムズ紙や英サンデー・タイムズ紙、英エコノミスト紙の「年間ベストブック」にも選ばれた。

株式会社KADOKAWA学芸ノンフィクション編集部が「Irreversible Damage: ――」の翻訳本『あの子もトランスジェンダーになった　SNSで伝染する性転換ブームの悲劇』を2024年1月24日に発売することを告知したところSNS上で批判が起こる。結果、同部は2023年12月5日、刊行中止を発表した。結局同書は『トランスジェンダーになりたい少女たち　SNS・学校・医療が煽る流行の悲劇』というタイトルで2024年4月3日に産経新聞出版が発売することになった。このことで逆に日本社会にもLGBTの問題を投げかけることになったのである。

トランプ氏は教育の現場へのタイトルIXの拡大解釈浸透について、「間違った身体に閉じ込められている可能性を子供に示唆した教師に対して、厳しい結果を与える」と約束した。トランスジェンダーである可能性を子供に示唆する教育者に対しては、連邦政府からの資金援助から排除されることを州や学区に通知する方針である。

あらゆる種類のジェンダーを肯定するケアを終了させ、あらゆる連邦政府機関に対し、「何歳になっても」性と性別の移行という概念を推進するすべてのプログラムを中止するよう指示。連邦政府からの資金提供を停止し、それに参加する病院や医療提供者は、メディケイドとメディケアのための連邦政府の健康と安全基準をもはや満たさないと宣言し、プログラムから終了させる。

さらに、これらの処置を行った医師を訴える方法を作り、司法省に製薬会社や病院が「弱い立場の患者を犠牲にして金持ちになるために『性転換』の恐ろしい長期的副作用」をカバーしたかどうか、ホルモン剤や思春期阻害剤を違法に販売していないかどうかを調査するよう指示するという。

日本のカルチャーはアメリカに強い影響を受ける。アメリカが「愛国教育」や「脱DEI」を行うことで、日本が反キャンセルカルチャーに追従することになる可能性は高い。

第6章

トランプ時代の日本はこうなる

トランプは孤立主義ではない

トランプ氏が大統領に就任することでアメリカが大きく変わることが理解できたと思う。世界の支柱であるアメリカが激変するのだから、世界全体が再編するのは当然の帰結と言えるだろう。

世界の中に日本が含まれることは言うまでもない。ましてやアメリカは日本の唯一の同盟国なのだ。

その日本がトランプ時代にどう変わっていくのかを見通す上で押さえなければならないポイントが「トランプ主義」における外交、そして安全保障のやり方である。

まず強調したいのはトランプ外交が「孤立主義」というのは誤解であることだ。

実際にトランプ氏は2018年7月に渡英して、緩やかな欧州離脱「ソフト・ブレグジット」路線を固持していた当時のイギリス首相、テリーザ・メイ氏を翻意させた。その目的は新米英貿易協定の締結である。翌2019年6月に再度渡英したトランプ氏は、メイ氏と会談し「とてつもない」貿易協定を提示すると約束した。

意味するところはアメリカ - イギリスのFTA（2国間自由貿易協定）締結である。

ところがこのFTA交渉を前進させなかったのは短期政権が続いたイギリス側だった。2023年に当時の首相だったスナク氏が米英FTAを「優先事項ではない」と表明。バイデン氏との米英首脳会談でも議題にせず棚上げされたまま現在に至っている。

アメリカ・メキシコ・カナダ間で締結されたNAFTA（北米自由貿易協定）を「大災害」と呼んだトランプ氏は、2018年9月30日には3カ国で新NAFTAである「USMCA（米国・メキシコ・カナダ協定）の締結にこぎ着けている。

このUSMCAのような多国間協定の場合、責任者が一堂に会する「マルチ」が国際標準だ。しかし「バイ」、すなわち2国間でのディールを行い「『イエス』か『ハイ』」の選択肢を突きつけるのがトランプ外交の特徴である。実際にUSMCAでも「バイ」でディールを行った。最初に折れたのは不法移民問題でやり玉にあげられ「米国から雇用を奪った国」と名指されたメキシコだ。この協定には事実上、中国とのFTAを禁止した条項が盛り込まれているのだが、中国とのFTAを模索し、最後まで難色を示していたカナダも折れることになったのである。

トランプ氏が「バイ」のディールを好む理由は基軸通貨ドルを発行し、世界最強の米軍を保有し、世界最大のエネルギー生産国であるアメリカの方が、1対1で交渉した場合、相手より圧倒的に立場が強いからだ。マルチで交渉を行ってアメリカVSその他の対立構図を作られるより有利にディールすることができる——それを正しい姿とするのがトランプ氏の掲げる「強いアメリカ」であり、「アメリカ第一主義」だ。

ゆえにトランプ主義＝孤立主義は成立しない。

マルチ交渉が生み出す不利益は「多様性」が尊重されるようになった国際社会でも起こっている。端的に言えば国連がそれである。アメリカの一票もアフリカの一票も同じ一票ということで、中国は開発国を買収して自国に有利な方向に国連をコントロールしている。またNATO（北大西洋条約機構）は全加盟国合意がルールだが、足並みが揃わずに物事が進まない。ロシアのウラジミール・プーチン大統領はそこを常に狙っているのだ。

それに対してIMF（国際通貨基金）やWTO（世界貿易機関）はアメリカが単独拒否権を持っているので、アメリカを中心とした西側に有利な方向で意思決定を行うことができるのである。

このあたりが正しく伝わらず、理解も進まないので誤解されている。トランプ氏の「アメリカ」が孤立を望んでいるわけではない。

コストで考える日本の核保有推進

次に考えなければならないのが「安全保障」である。トランプ氏の外交、安全保障姿勢のキーは「コスト」だ。これについては安倍晋三元総理が『安倍晋三 回顧録』(中央公論新社)で次のように明かしている。

〈トランプは、国際社会で、いきなり軍事行使をするタイプだ、と警戒されていると思いますが、実は全く逆なんです。彼は、根がビジネスマンですから、お金がかかることには慎重でした。お金の勘定で外交・安全保障を考えるわけです。例えば、「米韓合同軍事演習には莫大なお金がかかっている。もったいない。やめてしまえ」と言うわけです〉

そこで日米のスタッフ、外交パートナーはこれまでにない苦労をすることになった。〈もし、「トランプが実は軍事行動に消極的な人物だ」と金正恩が知ってしまったら、圧力が利かなくなってしまいます。だから、絶対に外部には気づかせないようにしなければならなかったのです。「トランプはいざとなったらやるぞ」と北朝鮮に思わせておく必要がありました。私だけでなく、米国の安全保障チームも、トランプの本性を隠しておこう

と必死でした〉

トランプ氏が国際社会に対して常に抱いている大きな疑問の一つが、「なぜアメリカが世界に対して無償で責任を持たなくてはいけないのか」というものだ。特に大統領就任時はNATO、中でもヨーロッパの盟主を自認するドイツに対して厳しかった。

「アメリカ人が、なぜアメリカ人の税金を使ってNATOを支援しなくてはいけないのか。ここにかかる費用ぐらい自分たちで出せばいい。アメリカは手伝ってあげるから」

こうした考えに基づいて、トランプ氏はNATO加盟国にこれまでより高い国防費負担を求めていたのである。

トランプ氏は世界の安全保障を担わない、とはひと言も言っていない。各国が相応の応分負担をして、それをアメリカが支援をする形を取るべきであるというのがトランプ主義における安全保障のあり方だ。

このトランプ氏の防衛費負担には応じなかった欧州各国だが、プーチン氏がウクライナに侵攻したことで結局GDPの国防費負担は大幅に上昇させざるを得なくなった。フランスのマクロン大統領は「欧州軍結成」をカードにトランプ氏を揺さぶったがウクライナ侵攻以降、一切、「欧州軍」に触れていない。

そこで考えなければならないのが日本の防衛費だ。

日本人のほとんどがこの事実を実感していないのだが、日本はロシア、北朝鮮、中国という価値観の違う3つの核保有国に囲まれている。日本は地政学的に考えても世界有数のハイリスクな国土なのだ（次ページ図「日本列島を取り巻く脅威ベクトル」参照）。

ロシアがウクライナに侵攻し、中国が太平洋進出の野望を隠さなくなった現在、リスクは幾何級数的に上昇してしまった。「国防」のコストも比例して上昇しているのだが、コストバランスを考えた時の最適解が「核兵器の保有」である。

複数の軍事の専門家などの話を総合すると、日米共同運用の原潜が8〜10艘ほど日本近海に潜んでいるだけで、アジアの安全保障構造は一気に安定化するという。

これは、最もローコストで、最も人の消耗を必要としない極東アジアの安全保障構造ということになる。安倍元総理の証言通りトランプ氏は「ビジネスマン」的に外交、安全保障を考える。それゆえ、日本の核保有を主張しているわけで、手法としては正しい。

日本列島を取り巻く脅威ベクトル

韓国の核武装化議論が先行

安倍元総理が亡くなる前に議論開始を呼びかけていた「核シェアリング」は、このトランプ氏が提起した「安全保障とコスト」の問題に端を発している。核弾頭を搭載した戦略原潜は、人類最後の報復兵器と呼ばれる。核のジェノサイドが起こっても深海に潜んで確実に核報復を実行するからだ。

北京を射的距離に収める戦略原潜を日本近海に配備し、アメリカと核シェアリングをする抑止力は計り知れない。

その意味で2024年現在、核武装論が先行しているのが韓国である。地政学的リスクは日本と同様だが北朝鮮と隣接し、ロシア・中国とは地続きに位置する。太平洋進出の「壁」という意味でより高いレベルの抑止力が必要だからだ。

韓国の最大の問題は「政治」だ。

韓国では右派が反北朝鮮・親米・親日を、左派が南北統一・反米・反日を目指すのが原則だ。ゆえに同盟を尊重する右派政権では軍事費が削減され、独立を目指す左派政権では軍事費が上昇するという日本と反対の構図になっている（次ページ図「韓国大統領の政治姿勢」参照）。もっとも李明博政権、朴槿恵政権のように政権支持率が低下した時に「反日」をカードに使う右派政権もあるので、このセオリーが通用しないことも増えている。

2024年現在の尹錫悦《ユン・ソンニョル》政権は「反北・親米・親日」ということで核武装議論が進んでいるのだが、前政権の文在寅《ムン・ジェイン》政権のような極左に近い政権が成立すると平然と核ミサイルの目標に日本を含める可能性がある。政権によって態度が入れ替わる韓国が核を保有するなら、日本も「持たざるを得ない」状況になりつつあるのだ。

日本の場合の運用は日米共同で台湾、フィリピンを核安全保障域に含めることになるだろう。

ドイツは第二次世界大戦の敗戦国だが、米ソ冷戦の最前線ということで核シェアリングによる核保有を実現した国だ。今回の米中冷戦の最前線は日本ということで、トランプ政権下での核保有は現実的な問題になりうる。

この核保有はやや中長期的なスパンでの外交、安全保障戦略だが、短期的に訪れる問題は前述した応分負担である。トランプ氏は前政権時代、在韓米軍の応分負担増を韓国に求めた。「撤退」をカードに使うアメリカに対して文在寅政権下の韓国側も激しく抵抗した

韓国大統領の政治姿勢

大統領名	就任期間	政治姿勢
盧泰愚	１９８８～１９９３	保守
金泳三	１９９３～１９９８	保守
金大中	１９９８～２００３	革新
盧武鉉	２００３～２００８	革新
李明博	２００８～２０１３	保守
朴槿恵	２０１３～２０１７	保守
文在寅	２０１７～２０２２	革新
尹錫悦	２０２２～	保守

韓国政権と国防費増加率の推移

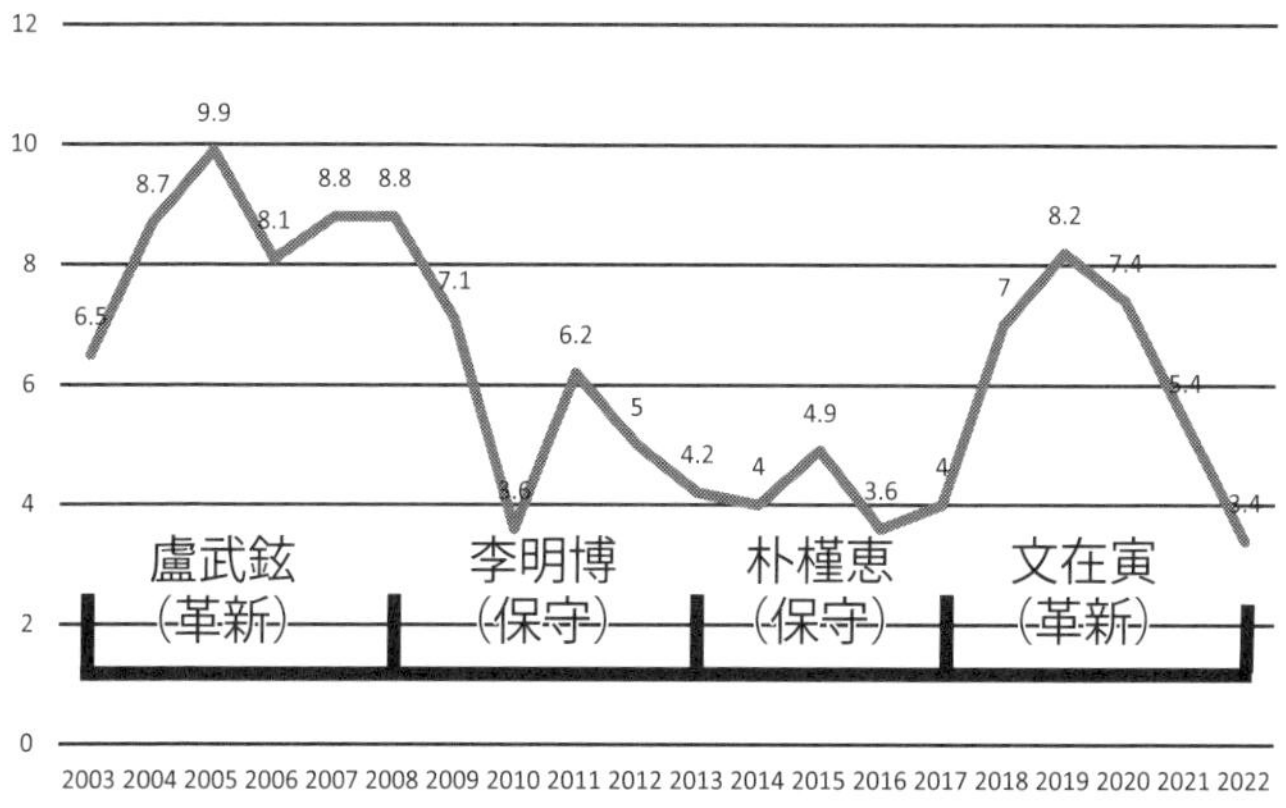

（韓国国防省HP「国防予算の推移」を元に作成）

のである。

結果的に払うことになったのだが値切った分だけ、在韓米軍が減ることになった。トランプ氏は選挙運動の中で台湾に対しても防衛費の応分負担を求めていて、台湾側も「喜んで払う」としている。

すでにディールは始まっているのだ。

当然のことながら日本にも応分負担が求められることになるだろう。その基準は「GDPの2%」と言われているが、近年問題になっているのが為替リスクである。急速な円安が進むとアメリカ製の防衛装備品は値上がる。直近では25%近く上がってしまったのだが、契約は済んでしまっているのでどうにもならない。円安の状況で契約通り購入するとなると、他の予算がゼロになってしまうことになる。

そうしたリスクを考えれば日本も、防衛費のさらなる増額を進めざるを得ない。

そのための財源の一つの私案が「入国税」だ。来日外国人から一律1人3万円を徴収し、防衛予算に充てればよい。日本ではオーバーツーリズムが社会問題化しているが、これは円安で低所得層の民度の低い外国人が押し寄せたことが大きい。3万円支払っても来たい人はそれなりの層ということで、オーバーツーリズム問題も抑制できるのではないか。

喫緊の変化は日中関係

アメリカの外交姿勢が日本社会の構造を急送に変化させることをリアルに考えられない人たちは意外に多い。そこで考えたいのが対中国だ。財務省が発表した2024年7月の貿易総額（速報値）は、

輸出額　9兆6192億円（前年同月比　10・3％）
輸入額　10兆2410億円（前年同月比　16・6％）

減少傾向にあるとはいえ、相当な金額である。米中デカップリングが叫ばれて久しいが、日中両国の経済関係は密にあると言えるだろう。そこでキーになるのがトランプ外交のもう一つの特徴——すなわち「敵の敵を味方にする」という手法である。

バイデン大統領は就任当初から中国よりロシアを敵対視していたが、この外交姿勢がウクライナ侵攻を招くきっかけの一つになった。トランプ外交は中国の完全孤立を目指すので、ロシアとはある一定の宥和政策を取る方向で進めている。

冷戦時代のアメリカはソ連を孤立させるため中国に接近した。リチャード・ニクソンの

電撃訪中はその象徴である。トランプ政権はその逆をやろうとしていたし、次期政権も同様のことを行うだろう。

すでにトランプ氏は公約で大統領就任後、ウクライナ問題の解決を約束している。当然のことながらロシアに対して、何らかのディィールを仕掛ける可能性がある。不確定要素が大きいので具体的なことはわからないが問題解決のために、ウクライナを含む西側とロシアとの関係修復を図る可能性は高い。

そうしなければアメリカの負担が減ることがないからだ。

ロシアがアメリカに接近すれば中国は孤立する。日中関係の変化は前述した経済関係の変化を促すのだから、日本企業のあり方もそれに従って変化するということだ。

もう一つの外交のテーマが中東問題である。中国、ロシア、北朝鮮と違って遠い中東の問題だが、資源・エネルギー貧国の日本にとってエネルギー安全保障上重要な地域であることは言うまでもない。

ここに関係してくるのが公約で掲げたエネルギー生産大国を目指す点だ。中東外交から整理していこう。

敵の敵は味方

2017年12月6日、トランプ氏はイスラエルの首都を、エルサレムであるとして、アメリカ大使館をエルサレムに移した。アメリカの歴代政権の政策を転換した形だ。

多くの日本人にとってキリスト教、イスラム教、ユダヤ教はすべて違う宗教のようにみえるかも知れない。しかし、3つの宗教の「神」はすべて同じだ。その3つの宗教の聖地こそエルサレムである。

エルサレムを「首都」として認めると、ユダヤ教のイスラエルが「聖地」を占有したということになる。混乱は必至だからこそ国際社会が「テルアビブ」を首都としていたのだ。ところが混乱は起きなかった。2018年4月2日には、サウジアラビアのムハンマド皇太子が米誌アトランティックのインタビューで、「イスラエルの人々は自国の土地で平和に暮らす権利がある」と踏み込んだ発言をした。アラブ諸国の多くが敵対するイスラエルの存在を容認したと受け取れる発言は、内外に大きな波紋を呼んだ。

さらにトランプ氏は2018年5月9日、「イラン核合意」から離脱。イランに対してより強硬な政策を展開した。

サウジ政府は否定するが、サウジがイスラエルと接触しているとの情報は2017年以降、たびたび報じられている。「対イラン」でサウジとトランプ政権、イスラエルの関係が強化されたということだ。

イランを唯一の「敵」として、敵の敵は味方というトランプ政権の外交戦略によって、中東は再び安定を取り戻す。

2020年8月13日には、トランプ氏の仲介によってUAEとイスラエルが、国交正常化に合意するという歴史的な転換が実現した。トランプ政権の外交適正化は極めて大きかったと言えるだろう。

ところがアメリカ‐サウジ‐イスラエルを軸にして「対イラン」の構図を作ったことによる安定は長く続かなかった。2020年のアメリカ大統領選挙を経て、2021年に民主党、バイデン政権が誕生したからである。

空転した中東外交

バイデン政権の誕生での最大の懸念だったのが、アメリカとアラブの関係悪化だった。バイデン氏は、2020年大統領選挙中も、対中東政策を明らかにしていなかった。その一方でイランとの核合意復帰を公約としていたからだ。

前述したようにトランプ政権の最大の外交的功績は、イスラエル（ユダヤ教）とアラブ（スンニ派）との宥和である。アラブの敵はイランなど中東（シーア派）であることから、敵の敵は味方の論理で、話をまとめ上げたていた図式を、再び混乱に戻すということだ。バイデン政権の外交政策はアラブ社会に対する裏切りということで、反発は必須の状態となった。

この状況をさらに悪化させたのが、「サウジアラビア人記者ジャマル・カショギ氏殺害事件」に対するバイデン大統領の発言だ。アメリカ在住のカショギ氏はサウジアラビアに批判的な立場だったが、2018年10月、トルコのイスタンブールのサウジ領事館でサウジの工作員に殺害された。

2021年2月26日、バイデン政権はムハンマド皇太子が「拘束または殺害する作戦を承認した」との情報機関の報告書を公表。さらに同日にはバイデン氏が、事実上の「王」であるムハンマド皇太子ではなく、父のサルマン国王と協議する考えを示し、「彼らに人権侵害の責任を負わせる。私たちと関係を望むなら、人権侵害に対処しなければならない」

と強調した。また報告書公表を受け、バイデン政権は皇太子の警護隊などを、資金凍結を含む制裁対象に指定。サウジ人76人にアメリカ入国ビザ発給を制限するとした。ムハンマド皇太子に制裁を科していないものの、寝た子を起こすどころか事実上の「王」を侮辱したということだ。この因縁は2023年6月現在も色濃く残っており、アメリカとサウジは表向きは平和的関係であるが、まともな話し合いもできない状態に近い。

そこに代わって入ったのが中国である。

2022年12月8日にはサルマン国王と中国の習近平国家主席が、「包括的な戦略パートナーシップ協定」に署名した。さらに翌2023年3月には中国の仲介でサウジ‐イランは国交正常化で合意、同年5月にはアラブ連盟首脳会議でシリアの連盟復帰を実現、7月には中国・湾岸協力会議加盟諸国と中央アジア5カ国初の首脳レベル会合を開催している。

「核合意復帰」を公約にして大統領の座を勝ち取ったバイデン氏だが、大統領就任後にはイランとの間で核合意は空転した。そればかりか、ウクライナ戦争を通じてイランはロシアとの関係をますます深めている。

ウクライナ戦争においてはイランはロシアにドローンなどを含めた武器を公然と提供しているのだからイランに対する宥和政策は、侵略された側のウクライナ人を殺す効果しかなかったということだ。

しかも2022年12月20日には、イラン核合意の再建交渉について問われたバイデン米大統領本人が、

「『交渉は』すでに死んでいるが、我々はそれをアナウンスしていない」

と発言した動画がTwitterで拡散する始末だ。

その上でバイデン政権は気候変動対策を目玉政策にしてシェールガス、シェールオイルの採掘を中止し、国有地のガソリンなどの採掘料を引き上げ、新規の採掘も認めなかった。また脱化石燃料を目指し、ESG投資やグリーン投資の拡大を働きかけ、金融などにも化石燃料融資をしないように圧力をかけたのである。

石油産油国の失望は当然のことと言えるだろう。バイデン政権の中東軽視によって発生したのがイスラエル－ハマス戦争だ。トランプ政権は混乱し中国のプレゼンスが増す中東を元に戻そうとしているのである。

エネルギー・デカップリング

エネルギーは政治と連動している。現在、世界はアメリカを中心とするG7＝西側と、中国とロシアを中心とする東側への分断が加速している。前述したようにエネルギーと政治は密接に連動しているのだ。ということはエネルギーの供給も、これに合わせてデカップリングしていくということになる。

次ページの図「地域別天然ガス生産量の推移」を見ると、ロシアと北米が世界全体の約3割ずつの天然ガスを生産していることがわかるだろう。

北米大陸における最大の天然ガス生産地がアメリカである。

2000年代からアメリカでシェールガス革命が起こり、アメリカは石油輸入国から最大の産油国へと転換した。エネルギー、しかも石油とガスを自国生産できることは、国家

地域別天然ガス生産量の推移

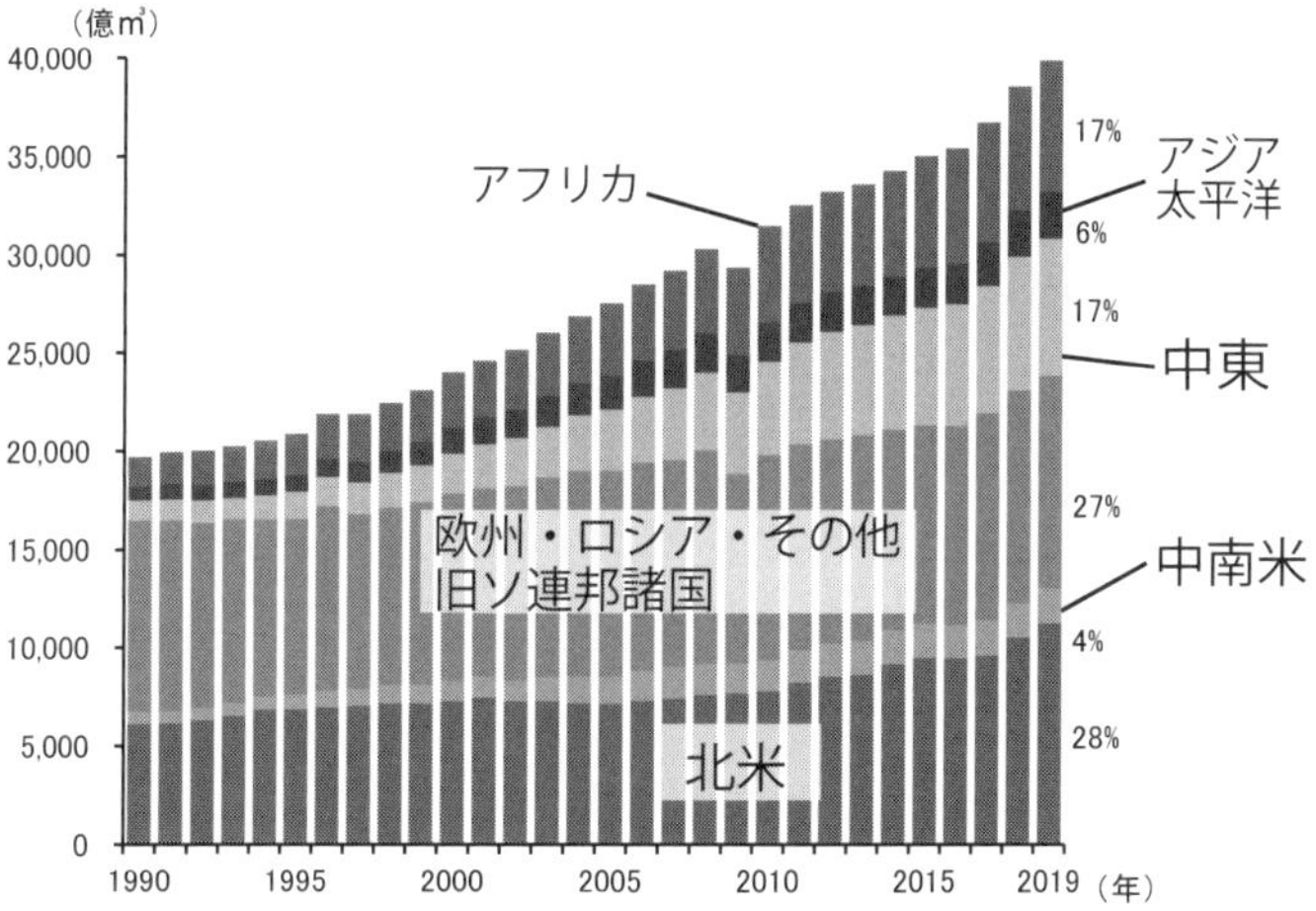

（資源エネルギー庁「エネルギー白書2021」を加工）

として最大のメリットであることは言うまでもない。

ところが「地球温暖化防止」を政策の目玉に掲げ化石燃料の排除を目指すバイデン政権は、シェールガスの新規開発を停止した。トランプ政権はシェールガス、シェールオイルの生産を増やすことを宣言しているのだから、ロシアからの輸入減を埋め合わせることができる。

つまりヨーロッパは、アメリカからエネルギーを輸入することによってロシアのエネルギー支配から解放され、資源・エネルギーの供給問題を解決することができるということだ。それはインフレからの脱出を促すことになるだろう。

また2021年の中国の天然ガス輸入元は1位がオーストラリアで、2位がアメリカと米豪だけで約5割を占める。このように、アメリカの天然ガスの多くは中国に向かって運搬されているのだが、この中国向け天然ガスをヨーロッパや日本に振り分けることで、ヨーロッパのエネルギー不足を相殺することができるということでもある。

2022年の北京五輪開幕式直前の中ロ首脳会談で、中国はロシアから大量の天然ガスを購入する契約を結んだ。現在の世界の天然ガスの供給構造は次ページの図「世界の主な天然ガス貿易（2019年）」のようになっている。

世界の主な天然ガス貿易(2019年)

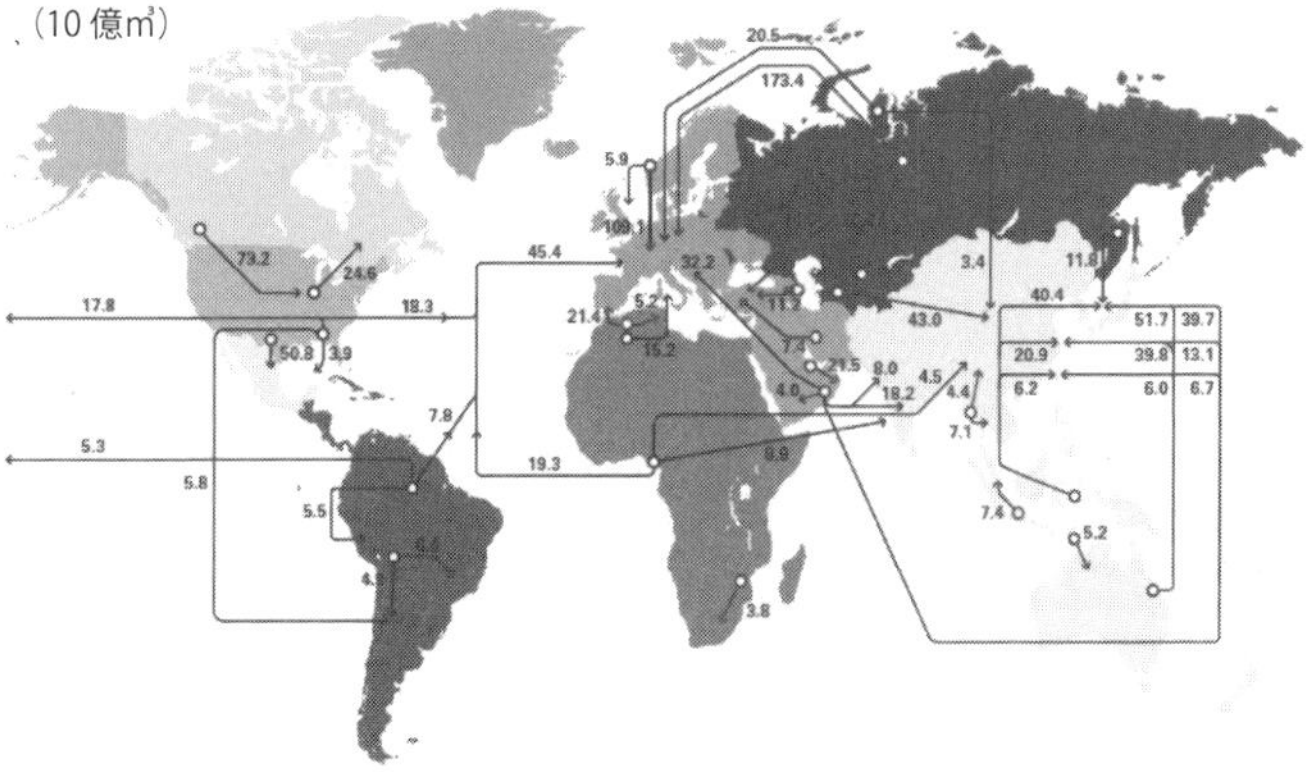

資源エネルギー庁「エネルギー白書2021」より

世界の石油の主な石油貿易(2019年)

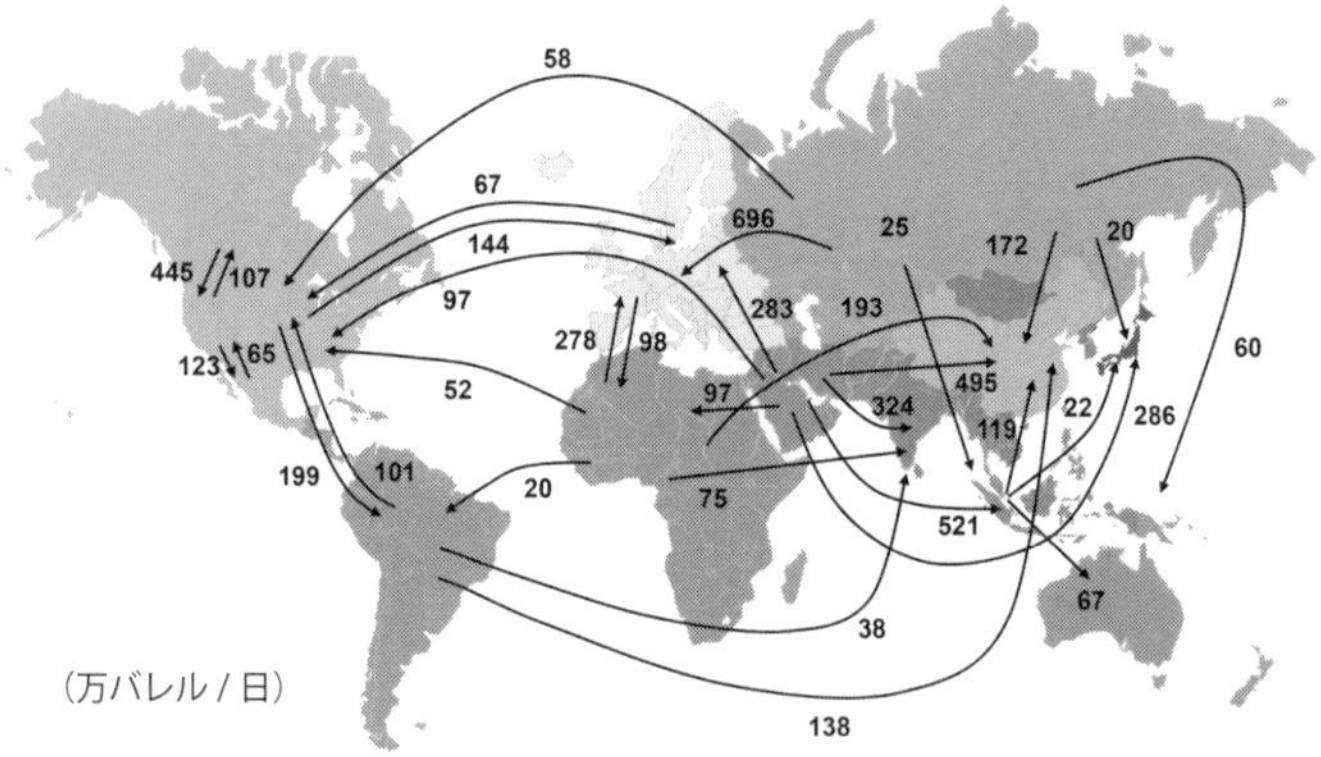

資源エネルギー庁「エネルギー白書2021」より

ロシアからの輸出分をアメリカが補い、ロシアが輸出先を中国に変え、アメリカの対中輸出分をＥＵと日本に振り分けるという新たなデカップリング構造が生まれる可能性は極めて高い。

このエネルギー・デカップリングは石油でも同時に起こるだろう。供給構造は、天然ガスと同じように入れ替わるということだ（前ページの「世界の主な石油貿易（２０１９年）」参照）。

このことで日本のエネルギー安全保障構造は中東一存体制から転換され、より安定した状況になる。

報復の板挟みに遭うトヨタ

トランプ大統領誕生を見据えて、顕著な動きを見せ始めているのは現在の国家戦略と深く関わるＩＴ業界だ。例えばマイクロソフトは多様性などのプロジェクトを早くも廃止した。

半導体追加規制の動きが出てきている。２０２２年10月、アメリカは14㎚以下の技術を利用した半導体生産に関して、規制を行い、アメリカ人（企業を含む）が関与することを禁じた。しかし、中国の半導体ファウンドリーＳＭＩＣは過去に納品された半導体造機器を転用し、現在も14nm世代の半導体生産を続けている。さらにＳＭＩＣはその装置を利用し、７nm世代の半導体生産を開始。アメリカが規制対象にしているファーウェイに対して、７nm世代のＳｏＣ（ＣＰＵやモデムが一体化した複合チップ）を提供している。

これにより、アメリカが制裁対象にしているファーウェイは本来作れないはずの製品の生産を行っている。明らかな規制破りで、これをアメリカ議会が大きな問題としている。

基本的に半導体製造装置は不正コピーを防ぐため、装置と利用ライセンスがセットで販売される。ライセンスが切れるとロックダウンする構造になっているのだ。

２０２４年４月にはアメリカ政府が日本や韓国、オランダといった国に対して中国への技術サポートの停止を求めていることが報じられた。２０２４年７月にはアメリカが、日本の半導体製造装置大手の東京エレクトロンやオランダのＡＳＭＬホールディングなどの企業が先端半導体技術へのアクセスを中国に提供し続ける場合、利用可能な最も厳しい貿易制限措置の利用を検討していると同盟国に伝えた。

アメリカ議会はこうした措置を期限付きで命令する形でバイデン大統領に求めてきたが、

政権は積極的な規制強化を行ってこなかった。トランプ政権誕生が視野に入ったことが圧力となって、急転したと言える。

対する中国は「日本が中国企業への半導体製造装置販売をさらに制限した場合、日本に対して厳しい経済的報復措置を取る」という立場を表明した。ブルームバーグによると対象とされているのはトヨタで、「トヨタが日本政府の関係者に対して『自動車の生産に必要な重要鉱物の日本への輸出が遮断される可能性がある』と非公式に伝えている」と報じている。現在のところ、対中規制品目は半導体に限定されているが、トランプは中国製のすべての産品に60％の追加関税を課すとしている。さらに中国の米国技術のアクセスを禁じるとしているため、それはバイオ、ハイテクなど多くの分野に波及してゆく可能性は高い。

まさに米中デカップリングで、日本企業にとっては死活問題となるだろう。

日米政界の回転ドア

トランプ氏の世界再編が日本にも大きな影響を与えることが確実な中、問題になるのが日本側のカウンターパートだ。安倍元総理は前出の『回顧録』で、

〈トランプは、予想していたよりも謙虚でした。私の話をずっと真剣な表情で聞いていました。彼は、経済も軍事も世界最大の国のリーダーになるわけですが、国の指導者としては私の方が先輩に当たるということで、敬意を表してくれていたという側面もあったでしょう。ケミストリー（相性）も合った〉

と評している。極めて良好な関係にあった安倍元総理が不在になってしまった状況でトランプ氏と日本政界をつなぐ窓口になれる人物が、訪米してトランプ氏と直接会合を行った麻生太郎氏ということになる。

本書執筆時点で自民党総裁選の結末は不明ではあるものの、「対トランプ」という意味で起こることは予測可能だ。官邸の中でも、古いスタッフを呼び起こすような形で。トランプとディーリングしてきた人たちを再度採用する。そうすると、向こう側も多分、同じ

スタッフが戻ってくるので、トップがいなくても決断できる体制を構築することができる。アメリカ民主党を相手にするより、共和党を相手にする方が事務的には進めやすいという印象を持つ官邸経験者は多い。民主党は「ランボー」とあだ名されるラーム・エマニュエル氏のような駐日大使を送り込んでくるが、共和党ではそうした無茶は起きないことも大きい。

アメリカ政界は「回転ドア」に例えられる。政権が交代するとスタッフごと交代し、ワシントンを退いたスタッフはシンクタンクや報道機関に身を置く。そうして政権が交代すると再びワシントンに登場するからだ。日本側も安倍時代にトランプ外交を経験したスタッフが回転ドアで戻ってくることを期待したい。

アメリカ側でカムバックが期待されている有力スタッフの1人が国務長官を務めていたポンペオ氏だ。トランプ政権における中東外交、インド外交はポンペオ氏の成果とも言えるし、日本関連で考えれば「台湾」はポンペオ氏のテーマでもある。

「台湾は独立すべきだ」

と公言するほどの親台湾派である。

その時、日本政府はどうする

台湾の独立を、一方的にアメリカ側が認める可能性はゼロではない。そもそも北京に政府を置く中華人民共和国と、台北に政府を置く中華民国の2つの国が存続していたというのがポンペオ氏のロジックだ。北京に台湾が支配されたことや統治されたことは一度もなく、周囲の国が認めるか認めないかだけの話だとしている。

アメリカが台湾独立を認めた場合、日本は台湾に対してどうするのか——これが一つの大きなポイントになる。

同時に、中国が台湾に対する圧力を強めるとすれば、軍事オプションまで行く可能性は充分にある。そのために台湾を国家承認する時には、同時に、即時に、その場で安全保障条約を締結する。安保と一体化した形でやっていかなければ国家承認は難しい。

アメリカの同盟国であり台湾と一衣帯水の関係である日本は当然のことながら、この米台の同盟関係に無関係ではいられない。何らかの覚悟を決めなければならなくなるだろう。

中国にとって台湾は太平洋進出の出入り口という位置づけだ。台湾が強い壁になってしまえば、より弱いところを出入り口にすることになる。それゆえ台湾とセットにして考えなければならないのがフィリピンの存在だ。

大東亜戦争とは似て非なる、日米同盟による「大東亜共栄圏」構築という巨大なテーマが日本に突きつけられる可能性を考えなければならない時代になっている。

そのテーマを日本政界で扱えるのは誰か——旧派閥で自民党と両岸問題との関係を考えると旧清和会（安倍派）、麻生派が親台湾。旧宏池会、旧二階派、旧茂木派が親中派ということになる。

岸田文雄政権は宏池会の政権だったが対米政権とのパイプは民主党にある。共和党パイプを持っているのは麻生派、安倍派だ。甘利明氏に経済安全保障を任された小林鷹之氏、あるいは安倍元総理に期待され経済安保を任された高市早苗氏も共和党パイプを持っていることになる。

トランプ時代の到来は日本が「国連戦勝国体制」から脱出するチャンスの時代でもある。考えていただきたいのが高度経済成長期からバブルまで日本が繁栄していた時、中国は日本にとって存在していなかった。中国の台頭によって日本経済は疲弊し、長いデフレの中で苦しんできたのである。

トランプ政権が中国を封鎖するということは、日本が再び台頭するチャンスである。アジアを牽引する西側のリーダー国となれれば自ずと経済は発展するのだ。有権者の皆さんの正しい選択が日本復活の鍵であると言えるだろう。

おわりに

コロナが終息に向かうことで、緩やかに壁が緩和され、人の移動が始まったが、コロナ後の世界は違う世界となっていたわけだ。また、コロナの終焉とともにウクライナ侵攻が勃発し、欧州にはロシアとウクライナの間に壁ができ、NATO諸国との間にも壁が構築された。さらに、中国は厳しいロックダウンなどにより、人の移動を制限し続け、習近平氏は現代版文化大革命とも言える独裁化政策を進めていった——。

2020年、米国で大統領選挙が開かれた。当初はトランプ氏優勢と思われていた選挙であるが、コロナ後の厳しい経済状態やBLM運動（ブラックライブズマター運動）などによるアンチトランプ勢力の拡大などにより、トランプ氏が敗北し、民主党バイデン氏によるリベラル政権が誕生した。バイデン大統領はトランプ前大統領の政策を否定し、パリ協定に復帰、グリーン政策を拡大した。また、中国やイランなどトランプ氏が敵視してきた国に対しては宥和政策を行い、外交戦略の大転換を行った。しかし、これがウクライナ侵攻、イスラエル－ハマス戦争などの戦争の原因になったことは間違いないところだろう。

平和主義者が戦争を引き起こす、皮肉なものだがこれも世界で繰り返されてきた歴史の一部と言える。

そして、今回の大統領選、まだ何があるかはわからない。本書ではトランプ氏が大統領になった場合、何をするのか、世界はどうなるか、そして、ハリス氏とその背景などをまとめている。もし、ハリス氏が大統領になれば、バイデン政権を継承しながら、よりリベラル色が強い政策をとることになる。その場合、より一層世界は混乱し、保守とリベラルの対立はより深いものになると想像できる。トランプ氏は年齢的に最後の大統領選挙となるだろうが、トランプ氏なき後もトランプ氏支持者たちは新たなトランプ氏を模索し、より強硬な第二のトランプが誕生すると考える。アンチリベラルによる保守の勃興の潮流は欧州でも起きており、これに世界は逆らえないのである。

2024年9月

経済評論家　**渡邉哲也**

PROFILE

渡邉哲也

わたなべ・てつや

作家・経済評論家。1969年生まれ。日本大学法学部経営法学科卒業。貿易会社に勤務した後、独立。複数の企業運営などに携わる。大手掲示板での欧米経済、韓国経済などの評論が話題となり、2009年、『本当にヤバイ! 欧州経済』(彩図社)を出版、欧州危機を警告し大反響を呼んだ。内外の経済・政治情勢のリサーチや分析に定評があり、さまざまな政策立案の支援から、雑誌の企画・監修まで幅広く活動を行っている。 著書に『これからすごいことになる日本経済』『パナマ文書』『「韓国大破滅」入門』『「新型コロナ恐慌」後の世界』『情弱すら騙せなくなったメディアの沈没』『2030年「シン・世界」大全』『世界インフレを超えて　史上最強となる日本経済』(以上、徳間書店)などのベストセラーの他、『「お金」と「経済」の法則は歴史から学べ!』(PHP研究所)、『今だからこそ、知りたい「仮想通貨」の真実』(ワック)、『GAFA vs. 中国』(ビジネス社)など多数。

■渡邉哲也公式サイト
　http://www.watanabetetsuya.info
■人気メルマガ「渡邉哲也の今世界で何が起きているのか」
　https://foomii.com/00049

装丁・目次・扉デザイン
HOLON

トランプ勝利なら再編する新世界の正体
日本はこうなる

第1刷　2024年9月30日

著者
渡邉哲也

発行者
小宮英行

発行所
株式会社徳間書店
〒141-8202 東京都品川区上大崎3-1-1 目黒セントラルスクエア
電話　編集(03)5403-4344 ／ 販売(049)293-5521
振替　00140-0-44392

本文印刷
本郷印刷株式会社

カバー印刷
真生印刷株式会社

製本
ナショナル製本協同組合

ISBN 978-4-19-865852-6